# Die moderne Küche

## DANKSAGUNG

Mein Dank gilt Matt Handbury und Jackie Frank, für eine wunderbare Chance; Jane Roarty, für ihre Inspiration und begeisterte Unterstützung; Sara Beaney, einer hervorragenden Designern, die dieses Buch mit Liebe gestaltete; Michèle, für all die Wochenenden und die Plackerei an den Abenden; Rowena, meiner Redakteurin, die mich immer wieder motivierte; Catie, Anne, Anna, Mark und allen anderen Mitarbeitern bei Murdoch Books, für ihre Geduld und diese großartige Möglichkeit; meinen Eltern, für ihre unermüdliche Unterstützung, ihr nie versagendes Verständnis – ich glaube, ich werde immer ein Spätentwickler bleiben – und ihr Warten; meinen Freunden William und Sibella, die prüften und probierten und mich durch das ganze Projekt begleiteten; meinem Partner und Freund Billy, dem ich gar nicht genug danken kann; Jody – meiner Inspiration, Kollegin, Freundin und Stärke, die mich so weit gebracht hat – vielen Dank; der Familie Antico, die für mich die Märkte nach den schönsten frischen Früchten und Gemüsen absuchte und mich jedesmal aufheitert, wenn ich ihr Geschäft betrete; Con und James von Demcos Seafood Providores, für die frischesten und besten Meeresfrüchte; Petrina, die das höllische Tempo ertrug, und ihrer Geduld bei den langen – und manchmal schmerzhaften – Fotosessions: Danke für deine Unterstützung und Energie, die dieses Buch zu einem optischen Festmahl werden ließen.

Published by Murdoch Books®, a division of Murdoch Magazines Pty Ltd, 213 Miller Street, North Sydney NSW 2060.
Originaltitel: The new cook
Art Director/Designer: Sara Beaney, Rezepte und Styling: Donna Hay, Fotografie: Petrina Tinslay, Designer: Michèle Lichtenberger, Lektor: Rowena Lennox, weitere Fotografen: William Meppen (S. 37, 84 rechts, 107 oben rechts, 136), Quentin Bacon (S. 125, 182)

©Text Donna Hay 1997. Design und Fotografie © Murdoch Books® 1997.

©1998 für die deutsche Ausgabe: Könemann Verlagsgesellschaft mbH, Bonner Str. 126, D-50968 Köln
Redaktion, Lektorat und Satz der deutschen Ausgabe: W. A. S. Media Productions, D-59071 Hamm
Übersetzung aus dem Englischen: Franca Fritz, Heinrich Koop, Hürth
Druck und Bindung: Jean Lamour, Maxéville
Printed in France
ISBN 3-8290-0422-2

All rights reserved. No part of this publication may be reproduced, stored in any retrieval system or transmitted in any form or by any means, electronic, mechanical, photocopying, recording or otherwise without the prior written permission of the publisher. Murdoch Books® is a trademark of Murdoch Magazines Pty Ltd.

donna hay

# Die moderne Küche

**KÖNEMANN**

# Inhalt

Danksagung 2

Einleitung 6

1 Eier 8

2 Nudeln 18

3 Reis 32

4 Asiatische Nudeln 42

5 Gemüse 58

6 Salat 78

7 Fleisch 92

8 Geflügel 114

9 Fisch & Meeresfrüchte 128

10 Früchte 142

11 Butter & Backwaren 154

12 Milch & Sahne 168

Glossar 182

Register 188

# Einleitung

Ich bin der Ansicht, daß gutes Essen aus einer Kombination von frischen Zutaten und aromatischen Würzmitteln entsteht. Wenn man mit erstklassigen Zutaten arbeitet, genügen schon wenige Gewürze, um den Geschmack der Lebensmittel zu unterstreichen und zu einem außergewöhnlichen Geschmackserlebnis abzurunden. Der Gedanke an gutes Essen sollte Sie mit Leidenschaft und nicht mit Angst erfüllen – alle Zutaten lassen sich ersetzen und ergänzen, und auf diese Weise sind schon viele kulinarische Meisterkreationen entstanden. Weitere Informationen zu den mit einem Stern* gekennzeichneten Zutaten finden Sie im Glossar.

Dieses Kochbuch zeigt Ihnen schnelle Vorbereitungsmethoden, einfache Gartechniken und phantasievolle Serviervorschläge. Die Anleitungen vermitteln Ihnen Schritt für Schritt die wichtigsten Grundlagen für eine Vielzahl leicht nachzukochender Gerichte im Stil der heutigen Zeit.

# Eier

Eier

# Grundlagen

Die Zubereitung von Eiern zählt zu den einfachsten, manchmal aber auch zu den schwierigsten Aufgaben in der Küche. Die folgenden grundlegenden Techniken sollen dazu dienen, das Geheimnis perfekt zubereiteter Eier und Eierspeisen zu lüften.

## Auswahl und Lagerung

Ich bevorzuge die Eier freilaufender Hühner – nicht nur aufgrund ihres Geschmacks, sondern auch wegen des leuchtenden Eigelbs und des dicken Eiweiß. Es sprechen mehrere Gründe dafür, Eier im Kühlschrank im Karton zu lagern: Da die Eierschale porös ist, nimmt sie leicht den Geschmack anderer Lebensmittel an. Eier werden mit der Spitze nach unten verpackt, so daß das Eigelb in der Mitte bleibt und der Luftsack auf der abgerundeten Seite nicht beschädigt werden kann. Die Haltbarkeit beträgt maximal 2 1/2 – 3 Wochen.

## Frische

So läßt sich die Frische von Eiern überprüfen:
1. Das Ei aufschlagen und auf einen Teller geben. Das Eigelb frischer Eier liegt auf dem Eiweiß und wirkt fest und leicht gewölbt. Frisches Eiweiß sollte dick und etwas wolkig aussehen und am Eigelb haften.
2. Das Ei in eine Schüssel mit Wasser geben. Wenn es auf der Seite liegt, ist es frisch; richtet es sich auf (die Spitze zeigt nach unten), ist es 2 – 3 Wochen alt. Ein Ei, das an der Wasseroberfläche schwimmt, enthält zuviel Luft und sollte nicht mehr verwendet werden. Je älter das Ei ist, um so leichter wird es.

## Pochierte Eier

Ich gestehe, daß ich selbst Schwierigkeiten mit dem Pochieren von Eiern habe – aber ich gebe nicht auf! Zunächst den Boden einer Pfanne mit hohem Rand etwa 7 – 10 cm hoch mit Wasser bedecken und das Wasser zum Kochen bringen. Jedes Ei in eine Tasse geben und sanft ins Wasser gleiten lassen. Das Wasser umrühren, so daß im Wirbel ein schön oval geformtes Ei entsteht. Nach 3 – 4 Minuten das pochierte Ei mit einem Schaumlöffel herausheben. Das Eiweiß sollte fest und das Eigelb weich sein.

## Tips für die Zubereitung

Es empfiehlt sich, Eier bei Zimmertemperatur zu verarbeiten. Eier reagieren äußerst empfindlich auf Hitze. Schon eine Minute Garzeit kann entscheiden, ob das Ei weich und cremig oder fest, trocken und gummiartig wird. Wenn Sie Eier zu einer heißen Speise hinzufügen wollen (beispielsweise einer Suppe), geben Sie zuerst etwas von der heißen Zutat zum Ei. Salz entspannt das Protein im Ei, so daß es sich leichter vermischen läßt. Gibt man aber Salz zu Eiern, die gerührt, pochiert oder zu einem Omelette verarbeitet werden sollen, werden sie dünn und können beim Kochen zerreißen.

## Kochen

Diese Angaben gelten für Eier, die bei Zimmertemperatur in kochendes Wasser gegeben werden. Weich: 2 – 3 Minuten; festes Eiweiß, weiches Eigelb: 5 – 6 Minuten; hartgekocht: 10 Minuten. Damit das Eigelb in der Mitte bleibt, rührt man das kochende Wasser zunächst, bis ein Wirbel entsteht, gibt dann das Ei hinein und rührt das Wasser noch 1 weitere Minute.

## Rühreier

Zunächst 1 Eßlöffel Butter bei mittlerer Temperatur in einer Pfanne zerlassen, dann 2 Eier in einer Schüssel mit 1– 2 Eßlöffel Milch oder Sahne verrühren. Die Mischung in die Pfanne geben und langsam mit einem Holzlöffel umrühren, so daß die Eimasse zerteilt wird, aber nicht klumpt. Das Rührei sollte weich, cremig und gleichmäßig mit festen Stückchen Eiweiß und -gelb durchsetzt sein. Zu lange gebratenes Rührei wässert, da sich das Protein im Ei zusammenzieht.
Zur Verfeinerung von Rührei bieten sich zahlreiche Möglichkeiten an. Sie können beispielsweise frische Kräuter, Räucherlachs, reifen Cheddar, Kaviar, Lachsrogen, saure Sahne, Blauschimmelkäse, Trüffelscheiben oder Gewürze unmittelbar vor dem Servieren unterrühren.

## Spiegeleier

Etwa 2 Teelöffel Öl in einer kleinen Pfanne bei mittlerer Temperatur erhitzen. Das Ei aufschlagen, sanft in die Pfanne gleiten lassen und 1 – 2 Minuten braten.

Entenei     Freilandei     Wachtelei

Weichgekochtes Ei

Das schmeckt dazu: heißer Buttertoast

Pochiertes Ei     Rührei

Eier

**SCHRITT EINS**
Butter und Öl in einer 23 cm großen beschichteten Pfanne bei schwacher Temperatur erhitzen und die Zwiebeln hinzufügen.

## Zwiebel-Frittata

1 EL Butter
1 EL Öl
3 Zwiebeln, in Scheiben geschnitten
8 Eier
3/4 Tasse (200 ml) Sahne oder Milch
grob gemahlener schwarzer Pfeffer
1/2 Tasse geriebener reifer Cheddar
1 EL Thymian
(Für 4 bis 6 Personen)

## Variationen

**KÜRBIS-FRITTATA**
1/2 Tasse pürierten Kürbis oder pürierte Süßkartoffeln mit den Eiern verrühren.

**KÄSE- UND KARTOFFEL-FRITTATA**
1 Tasse gekochte Kartoffelwürfel über die gedünsteten Zwiebeln geben, mit der Eimischung übergießen und mit Blauschimmelkäse statt Cheddar bestreuen.

**ANTIPASTO-FRITTATA**
Die Frittata mit gegrilltem Gemüse wie grüner oder roter Paprika, Auberginen und Zucchini belegen. Mit Cheddar bestreuen und mit den Schritten Drei und Vier fortfahren.

**SCHRITT ZWEI**
Die Zwiebeln unter gelegentlichem Rühren 10 – 15 Minuten dünsten, bis sie goldbraun und zart sind.

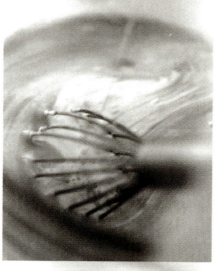

**SCHRITT DREI**
Eier, Sahne und Pfeffer in einer Schüssel verrühren. Die Mischung über die Zwiebeln in der Pfanne gießen und mit Käse und Thymian bestreuen. Die Frittata 5 – 6 Minuten backen, bis sie fast vollständig fest ist.

**SCHRITT VIER**
Zum Schluß die Frittata 1 Minute unter dem vorgeheizten Backofengrill bräunen; dann in gleichmäßige Stücke schneiden und auf heißem Buttertoast oder mit einem pikanten Chutney servieren.

Zwiebel-Frittata

Eier

Spargel und pochierte Eier mit brauner Butter　　　　　Speckeier-Quiche

Salat mit geröstetem Kürbis und Wachteleiern

Eier

Angel cake

## Spargel und pochierte Eier mit brauner Butter

85 g Butter
1 EL Salbeiblätter
500 g frischer grüner Spargel
4 Eier
gehobelter Parmesan
grob gemahlener schwarzer Pfeffer
(Für 4 Personen)

Butter und Salbei in einem Topf bei schwacher Hitze zerlassen, bis die Butter eine goldbraune Färbung annimmt. Dann beiseite stellen und warmhalten. Den Spargel putzen und dämpfen, bis er zart ist. In der Zwischenzeit Wasser in einer Pfanne zum Kochen bringen, um die Eier zu pochieren (siehe S.10). Die Eier einzeln in das siedende Wasser geben und 3 – 4 Minuten pochieren, bis das Eiweiß fest, das Eigelb aber noch weich ist.
Den Spargel auf vorgewärmten Tellern anrichten. Die Eier mit einem Schaumlöffel aus der Pfanne nehmen und auf den Spargel legen. Die gebräunte Butter darübergeben und mit Parmesan und viel schwarzem Pfeffer bestreuen. Sofort servieren.

## Speckeier-Quiche

1 Portion oder 250 g Mürbeteig*
6 Eier
1 Tasse (250 ml) Milch
4 Streifen Frühstücksspeck, kleingeschnitten
1/3 Tasse geriebener reifer Cheddar
2 EL Schnittlauch, gehackt
1 EL Dill, gehackt
2 TL Dijonsenf
grob gemahlener schwarzer Pfeffer
6 dünne Streifen Frühstücksspeck, ohne Schwarte
(Für 6 Personen)

Den Teig auf einer leicht bemehlten Fläche zu einer 3 mm dicken, runden Platte ausrollen und in eine 24 cm große Springform geben. Den Teigrand glattschneiden und die Form 30 Minuten in den Kühlschrank stellen. Den Teigboden einstechen und mit Backpapier auslegen. Mit Blindbackgewichten oder Reis beschweren und 5 Minuten bei 180 °C blindbacken. Gewichte oder Reis und Papier entfernen und weitere 5 Minuten backen (auf diese Weise bleibt der Boden knusprig, wenn er mit den feuchten Zutaten belegt wird).
Eier und Milch in einer Schüssel verrühren. Speck, Cheddar, Schnittlauch, Dill, Senf und Pfeffer hinzugeben und gut vermischen. Die Mischung in die Teigform gießen, mit dünnen Speckstreifen belegen und 35 – 45 Minuten bei 160 °C backen, bis die Quiche fest ist. Heiß oder kalt zu einem pikanten Raukesalat servieren.

## Salat mit geröstetem Kürbis und Wachteleiern

500 g japanischer Kürbis* oder andere süße Kürbisart, in Stücke geschnitten
Olivenöl
grob gemahlener schwarzer Pfeffer
1/2 Tasse eingelegte Oliven
200 g marinierter Fetakäse
3 EL Oreganoblätter
150 g junger Raukesalat
8 weichgekochte Wachteleier
Balsamessig
(Für 4 Personen)

Die Kürbisstücke auf ein Backblech geben, mit Olivenöl beträufeln und mit Pfeffer bestreuen und 35 Minuten bei 180 °C rösten, bis der Kürbis goldbraun und gar ist. Abkühlen lassen.
Oliven, Feta, Oregano und Rauke in einer Schüssel vermischen. Den Salat mit dem Kürbis auf Tellern anrichten, mit den Wachteleiern belegen und mit einem Spritzer Balsamessig und Olivenöl beträufeln.

## Angel cake

1 Tasse Mehl
1 1/2 Tassen Zucker
12 Eiweiß
1/2 TL Weinstein
2 TL geriebene Zitronenschale
1/2 TL Vanillearoma
Beeren zum Garnieren
(Für 8 Personen)

Mehl und die Hälfte des Zuckers in eine Schüssel sieben und beiseite stellen. Eiweiß und Weinstein in einer anderen Schüssel steif schlagen. Nach und nach den restlichen Zucker hinzugeben und schlagen, bis der Eischnee dick und glänzend ist.
Zitronenschale, Vanillearoma und die Mehlmischung vorsichtig unter den Eischnee heben. Die Mischung in eine nicht gefettete, 24 cm große Ringform geben und 30 Minuten bei 190 °C backen, bis an einem in die Kuchenmitte gesteckten Holzspieß keine Teigreste mehr haften bleiben. Die Form stürzen und den Kuchen abkühlen lassen; dann mit einem Messer vom Rand der Form lösen und mit gemischten Beeren servieren.

# Nudeln

Nudeln

# Grundlagen

### Frische Nudeln kochen

Frische Nudeln benötigen weniger Wasser als getrocknete. Zum Kochen verwenden Sie am besten einen großen Topf mit sprudelnd kochendem Wasser. Ein Schuß Öl verhindert, daß die Nudeln während des Garens zusammenkleben. Die Nudeln ins Wasser geben – das unbedingt weiterkochen sollte – und 10 Sekunden lang umrühren, um die Nudeln zu trennen. Die Nudeln 2 – 4 Minuten kochen (die Garzeit hängt von der Art der Nudeln ab), bis sie al dente sind.

### Getrocknete Nudeln kochen

Der häufigste Fehler bei der Zubereitung getrockneter Nudeln besteht in der Verwendung von zu wenig Wasser. Die Nudeln und etwas Öl in einen großen Topf mit sprudelnd kochendem Wasser geben und 20 Sekunden lang umrühren, um die Nudeln zu trennen. Die Nudeln 10 – 14 Minuten kochen (die Garzeit hängt sowohl von der Form als auch vom verwendeten Mehl ab), bis sie al dente sind.

### Al Dente

Al dente bedeutet »bißfest«. Gekochte Nudeln sollten zwar weich sein, aber noch genügend Biß haben. Dies läßt sich am leichtesten feststellen, indem man eine Nudel aus dem Wasser nimmt und sie probiert. Die Nudel sollte über eine bißfeste Konsistenz verfügen, darf aber innen nicht mehr trocken und hart sein.

### Frische Nudeln trocknen

Die frischen Nudeln 1 – 2 Stunden (je nach Witterungsverhältnissen) an einem trockenen, luftigen Ort über einen Holzlöffel oder einen sauberen Besenstiel hängen, bis sie trocken und hart sind. Dann in luftdicht verschließbare Gefäße umfüllen. Sie können frische Nudeln auch in Gefrierbeuteln oder -behältern bis zu 6 Monaten einfrieren. Im Glossar (S. 185) finden Sie ein Rezept für frische Nudeln.

### Gekochte Nudeln abgießen

Die Nudeln in ein Sieb geben und kräftig schütteln, damit überschüssiges Wasser ablaufen kann. Für heiße Nudelgerichte sollten die Nudeln sofort verwendet und nicht unter fließendem Wasser abgeschreckt werden. Für kalte Nudelgerichte die Pasta zunächst unter warmem, dann unter kaltem Wasser abschrecken. Sie können die Nudeln auch bis zu 3 Tagen im Kühlschrank aufbewahren.

Kräuter-Fettuccine

Chili-Linguine

Nudelmaschine

Pfeffer-Linguine

Trocknende Pappardelle

Kochende Nudeln

Nudeln

Chilinudeln mit Garnelen und Limonen

Nudeln mit gerösteten Süßkartoffeln und Feta

Lasagne mit gegrilltem Gemüse

## Chilinudeln mit Garnelen und Limonen

750 g mittelgroße rohe Garnelen, geschält
1 EL Olivenöl
2 TL grob gemahlener Pfeffer
1 EL Koriander, gehackt
500 g Chilinudeln
250 g frischer grüner Spargel, geputzt
4 Limonen, halbiert
125 g junger Blattspinat
1/4 Tasse Basilikumblätter
Olivenöl
(Für 4 Personen)

Garnelen, Öl, Pfeffer und Koriander in einer Schüssel verrühren. Die Nudeln in einem Topf mit kochendem Wasser al dente kochen. Die Nudeln abgießen und warm stellen. Den Spargel kochen oder dämpfen, bis er weich ist, dann in 5 cm lange Stücke schneiden.
Garnelen und Limonen auf dem heißen Holzkohlegrill oder in einer Grillpfanne 1 Minute von jeder Seite grillen, bis sie gar sind. Die Garnelen mit Chilinudeln, Spargel, Spinat und Basilikum vermischen. Den Saft aus den gegrillten Limonen über den Nudeln auspressen und Olivenöl und grob gemahlenen schwarzen Pfeffer darübergeben. Sofort servieren.

## Nudeln mit gerösteten Süßkartoffeln und Feta

750 g Süßkartoffeln, in Stücke geschnitten
Salz
Öl
3 Stangen Porree, kleingeschnitten
1 EL frischer Rosmarin
500 g Nudeln nach Wahl
2 EL Butter
185 g marinierter Fetakäse, kleingeschnitten
250 g junger Blattspinat
grob gemahlener schwarzer Pfeffer
geriebener Pecorino oder Parmesan
(Für 4 Personen)

Die Süßkartoffeln mit etwas Öl und Salz auf ein Backblech geben und 30 Minuten bei 200 °C rösten, bis sie gar und gebräunt sind.
Das Öl in einer Pfanne bei mittlerer Temperatur erhitzen, Porree und Rosmarin hineingeben und 7 Minuten dünsten, bis der Porree goldbraun und zart ist. Die Nudeln in einem Topf mit kochendem Wasser al dente kochen. Abgießen und in eine große, vorgewärmte Schüssel geben. Süßkartoffeln, Porreemischung, Butter und Feta hinzufügen und vermischen. Den Spinat auf angewärmte Teller verteilen und Nudeln, Pfeffer und Pecorino darübergeben.

## Lasagne mit gegrilltem Gemüse

2 Auberginen, in Scheiben geschnitten
Salz
Olivenöl
250 g Blattspinat
3 frische große Nudelblätter, leicht vorgekocht
12 Flaschentomaten*, in Scheiben geschnitten
1 Tasse Basilikumblätter
1 Tasse Oreganoblätter
1 Tasse gehobelter Parmesan
1 Tasse geriebener Mozzarella
Oreganoblätter (zusätzlich)
(Für 6 Personen)

Die Auberginenscheiben in ein Sieb geben und mit Salz bestreuen. 30 Minuten abtropfen lassen, dann abspülen und trockentupfen. Die Scheiben mit Öl bestreichen, in einem Elektro- oder Holzkohlegrill von beiden Seiten goldbraun anbraten und beiseite stellen. Den Spinat 10 Sekunden in kochendem Wasser blanchieren, dann gut abtropfen lassen. Den Boden einer 18 x 28 cm großen Auflaufform mit Backpapier auslegen. Eine Lage Nudeln in die Form geben und mit Tomatenscheiben, Basilikum, Oregano, Aubergine und Spinat belegen. Mit Parmesan und Mozzarella bestreuen. Auf die gleiche Weise weitere Lagen übereinanderschichten und zum Schluß den Käse mit den zusätzlichen Oreganoblättern belegen. Im vorgeheizten Backofen bei 180 °C etwa 40 Minuten überbacken.

## Nudeln mit einer Sauce aus geschmorten Tomaten

24 Flaschentomaten*, halbiert
6 Knoblauchzehen
2 EL Olivenöl
1 EL Oreganoblätter
2 TL Olivenöl (zusätzlich)
2 Zwiebeln, gehackt
1 EL Basilikumblätter
500 g Nudeln nach Wahl
grob gemahlener schwarzer Pfeffer
gehobelter Parmesan   (Für 4 Personen)

Tomaten, Knoblauch, Öl und Oregano in einer Auflaufform vermischen und 45 Minuten bei 160 °C schmoren.
Die Tomatenmischung in eine Küchenmaschine geben und fein hacken. Das zusätzliche Öl in einem Topf bei mittlerer Temperatur erhitzen und die Zwiebeln 5 Minuten dünsten, bis sie goldbraun sind.
Tomatenmischung und Basilikum zu den Zwiebeln geben und 5 Minuten garen. Die Nudeln in einem Topf mit sprudelnd kochendem Wasser al dente kochen und dann abgießen. In eine Schüssel geben, mit Tomatensauce übergießen und mit Pfeffer und Parmesan bestreuen.

Nudeln mit einer Sauce aus geschmorten Tomaten

## Fadennudeln mit Thunfisch

500 g frische Fadennudeln*
120 g Rauke, grob gehackt
350 g Sashimi-Thunfisch*, in dünne Scheiben geschnitten
1/2 Tasse gehobelter Parmesan
2 – 3 EL Chiliöl*
grob gemahlener schwarzer Pfeffer
Limonenstücke   (Für 4 Personen)

Die Nudeln in einem großen Topf mit kochendem Wasser al dente kochen. Abgießen und heiß mit Rauke, Thunfisch, Parmesan, Chiliöl und Pfeffer vermischen. Zum Servieren auf Teller verteilen und mit einem Stück Limone garnieren.

## Nudeln mit grünem Blattgemüse

500 g Pappardelle oder breite Fettuccine
1 EL Oliven- oder Basilikumöl*
2 Knoblauchzehen, zerdrückt
85 g junge Spinatblätter
85 g junge Mangoldblätter
85 g Rauke
185 g fester Ziegenkäse, zerkrümelt
grob gemahlener schwarzer Pfeffer
kleine Kapern   (Für 4 Personen)

Die Nudeln in einem Topf mit kochendem Wasser al dente kochen, abgießen und warm stellen. Öl in einem Topf bei mittlerer Temperatur erhitzen, den Knoblauch dünsten, bis er goldbraun ist, und den Topf vom Herd nehmen. Das Blattgemüse in einer Schüssel mit dem heißen Öl vermischen. Die Nudeln auf Suppenteller verteilen und Gemüse, Ziegenkäse, Pfeffer und Kapern darübergeben.

## Nudeln mit jungem Porreegemüse

2 EL Olivenöl
8 kleine Stangen Porree, geputzt
3 EL Majoranblätter
1 EL Thymianblätter
500 g Kräuter-Fettuccine
2 große, reife Tomaten, in Scheiben geschnitten
200 g geräucherter Mozzarella, in Scheiben geschnitten
grob gemahlener schwarzer Pfeffer   (Für 4 Personen)

Das Öl in einer Pfanne bei schwacher Temperatur erhitzen und Porree, Majoran und Thymian 8 Minuten dünsten, bis der Porree goldbraun und gar ist. Die Nudeln al dente kochen, auf feuerfeste Teller verteilen und Porreemischung, Tomaten, Mozzarella und Pfeffer darübergeben. Die Teller 1 Minute unter den heißen Backofengrill stellen, bis der Mozzarella geschmolzen und goldbraun ist. Dazu ein herzhaftes Brot servieren.

## Spaghetti mit gegrillten Hühnerbruststreifen und Spargel

500 g Spaghetti
3 Hühnerbrustfilets
Olivenöl
300 g frischer grüner Spargel
2 rote Paprikaschoten, geviertelt
*Dressing*
3 EL Zitronensaft
1 EL grobkörniger Senf
2 EL Olivenöl
1 EL Dillspitzen
(Für 4 Personen)

Die Spaghetti in einem Topf mit sprudelnd kochendem Wasser al dente kochen, abgießen und warm stellen. Die Hühnerbrustfilets mit etwas Öl bestreichen und auf dem Holzkohlegrill, im Elektrogrill oder in der Bratpfanne 2 – 3 Minuten von jeder Seite grillen. Den Spargel in kochendem Wasser blanchieren*, bis er eine leuchtend grüne Färbung annimmt. Die Paprikaviertel und den Spargel mit Öl bestreichen, zu den Filets auf den Grill geben und weitere 2 Minuten grillen.
Die Spaghetti zum Servieren in kleine Schalen füllen. Hühnerfilets und Paprika in Streifen schneiden und mit dem Spargel auf den Spaghetti anrichten. Die Zutaten für das Dressing verrühren und über die Nudeln geben. Sofort servieren.

## Pfeffer-Linguine mit asiatischen Kräutern

500 g Pfeffer-Linguine
1/2 Tasse thailändisches Basilikum*
1/4 Tasse vietnamesische Minze*
2 grüne Chilischoten, gehackt
4 EL salzarme Sojasauce
2 EL brauner Zucker
1 EL Saft der Kaffir-Limone*
2 EL Mirin* oder lieblicher Weißwein
gedämpfter junger Pak Choi* (als Beilage)
(Für 4 Personen)

Die Linguine in einem Topf mit kochendem Wasser 3 Minuten al dente kochen, abgießen und mit Basilikum und Minze vermischen. Chilischoten, Sojasauce, Zucker, Limonensaft und Mirin vermischen, über die Nudeln geben und durchrühren. Die Linguine auf Teller verteilen und zu gedämpftem Pak Choi servieren.

Fadennudeln mit Thunfisch

Nudeln mit jungem Porreegemüse

Nudeln mit grünem Blattgemüse

Spaghetti mit gegrillten Hühnerbruststreifen und Spargel

Nudeln

Pfeffer-Linguine mit asiatischen Kräutern

Pappardelle mit Fenchel und Oliven

Lachs-Wasabi-Ravioli mit Kaffir-Limonen-Sauce

## Pappardelle mit Fenchel und Oliven

2 rote Zwiebeln, gehackt
2 junge Fenchelknollen, in Scheiben geschnitten
2 EL Olivenöl
3/4 Tasse (200 ml) Weißwein
375 g Pappardelle
1/4 Tasse Basilikumblätter
1 Tasse Oliven
10 Kapern
6 Sardellen, gehackt
gehobelter Parmesan
(Für 4 Personen)

Zwiebeln und Fenchel in einer Auflaufform mit Olivenöl beträufeln, Wein hinzugeben und 30 Minuten bei 200 °C schmoren, bis der Fenchel gar ist. Die Pappardelle in einem großen Topf mit kochendem Wasser al dente kochen und anschließend abgießen. Die heißen Pappardelle mit der Fenchelmischung, Basilikum, Oliven, Kapern und Sardellen vermischen, mit dem gehobelten Parmesan und viel grob gemahlenem schwarzen Pfeffer bestreuen und sofort servieren.

## Lachs-Wasabi-Ravioli mit Kaffir-Limonen-Sauce

250 g frische Nudelblätter* oder 40 Won-Tan-Teigblätter
300 g Lachsfilet
1/3 Tasse Crème fraîche oder saure Sahne
125 g Ricotta
Wasabi* nach Wunsch (etwa 1/2 TL)
1 EL Dill, gehackt
grob gemahlener Pfeffer
*Kaffir-Limonen-Sauce*
1 Tasse (250 ml) Fisch- oder Gemüsefond
6 Kaffir-Limonenblätter, gehackt
3/4 Tasse (200 ml) Sahne    (Für 4 bis 6 Personen)

Die Nudelblätter in 10 cm große Quadrate schneiden. Den Lachs in 2 cm dicke Scheiben schneiden und in einer Schüssel mit Crème fraîche, Ricotta, Wasabi, Dill und Pfeffer vermischen. Jeweils einen Löffel der Füllung auf ein Nudelquadrat geben, mit einem weiteren Viereck bedecken und die Ränder fest zusammendrücken. Fond, Limonenblätter und Sahne in einen Topf geben und leicht köcheln lassen, bis die Sauce auf die Hälfte reduziert ist.
Die Ravioli in einem großen Topf mit kochendem Wasser 6 – 8 Minuten al dente kochen, dann abgießen. Auf Teller verteilen, mit der Sauce übergießen und mit grob gemahlenem Pfeffer bestreuen.

## Fettuccine mit Zitronen-Schwertfisch

500 g Fettuccine
2 EL Olivenöl
1 EL geriebene Zitronenschale
1 Knoblauchzehe, zerdrückt
1 rote Chilischote, gehackt
2 EL Zitronenthymianblätter
2 EL Butter
350 g Schwertfisch, in Würfel geschnitten
1 Zitrone, in dünne Scheiben geschnitten
grob gemahlener schwarzer Pfeffer
geriebener Parmesan
(Für 4 Personen)

Die Fettuccine in einem Topf mit kochendem Wasser al dente kochen, abgießen und warm stellen. In der Zwischenzeit das Öl in einem Topf bei mittlerer Temperatur erhitzen und Zitronenschale, Knoblauch, Chili und Thymian 3 Minuten darin dünsten. Anschließend warm stellen.
Die Butter bei mittlerer Temperatur in einer Pfanne erhitzen und die Schwertfischwürfel 2 – 3 Minuten braten, bis sie goldbraun sind. Den Fisch aus der Pfanne nehmen und warm stellen. Die Zitronenscheiben in die Pfanne geben und 2 Minuten von jeder Seite braten, bis sie goldbraun sind.
Die Schwertfischwürfel mit der Gewürzmischung und den Nudeln vermischen und in tiefen Tellern mit Parmesan und Pfeffer servieren und mit den gebratenen Zitronenscheiben garnieren.

## Fettuccine mit gedünstetem Basilikum, Knoblauch und Kapern

500 g Fettuccine
3 EL Olivenöl
1/4 Tasse Basilikumblätter
5 Knoblauchzehen, zerdrückt
2 EL kleine Kapern
2 EL Zitronensaft
4 Bocconcini*, in Scheiben geschnitten
gehobelter Parmesan
grob gemahlener schwarzer Pfeffer    (Für 4 bis 6 Personen)

Die Fettuccine in einem großen Topf mit kochendem Wasser al dente kochen, abgießen und warm stellen.
Das Öl in einer Pfanne bei mittlerer Temperatur erhitzen und Basilikum, Knoblauch und Kapern dünsten, bis der Knoblauch goldbraun und das Basilikum knusprig ist. Den Zitronensaft hinzufügen und die Nudeln mit der Basilikumsauce vermischen. Die Boccincinischeiben auf Tellern verteilen und Nudeln, gehobelten Parmesan und grob gemahlenen schwarzen Pfeffer darübergeben. Sofort servieren.

Fettuccine mit Zitronen-Schwertfisch

Fettuccine mit gedünstetem Basilikum, Knoblauch und Kapern

# Reis

# Grundlagen

Reis ist das meistkonsumierte Lebensmittel der Welt und steht in vielen Kulturen für Fruchtbarkeit und Leben – daher stammt auch unsere Sitte des Reiswerfens bei Hochzeiten. In manchen Gesellschaften bedeutet das Verschütten von Reis oder das Umstoßen einer Schüssel Reis ein schlechtes Omen – seien Sie also vorsichtig, wenn Sie den Reis zur Aufbewahrung in ein luftdicht verschließbares Gefäß umfüllen.

## Reisarten

### Rund- und Mittelkornreis

In der englischen Küche wird Rund- und Mittelkornreis traditionell für Puddings verwendet, während die Japaner ihn für ihr tägliches Sushi nehmen, die Spanier für Paella und die Chinesen für beinahe jedes Gericht. Wenn der Reis richtig gekocht ist, kleben die dicken, feuchten Körner zusammen, so daß sie sich leicht mit Eßstäbchen essen lassen.

### Wildreis

Wildreis ist eigentlich kein Reis, sondern die Frucht eines in Nordamerika heimischen Wassergrases. Er verfügt über einen unverwechselbaren nussigen Geschmack, eine feste Konsistenz und ist meist relativ teuer. Allerdings läßt er sich gut mit anderen Reissorten mischen.

### Naturreis

Naturreis ist sowohl als Lang- wie auch als Rundkornreis erhältlich. Da die äußere Samenschale (das »Silberhäutchen«) nicht wie beim weißen Reis abgeschliffen wird, verfügt Naturreis über einen höheren Nährwert und einen leicht nussigen Geschmack. Naturreis benötigt zum Garen etwa 40 Minuten, weil das Wasser zunächst die Kleieschicht durchdringen muß.

### Arborio-Reis

Dieser italienische Rundkornreis bezieht seinen Namen von einem Dorf in der norditalienischen Piemontregion und wird (neben den Reissorten Violone und Carnaroli) hauptsächlich für Risotto verwandt. Da Arborio-Reis beim Garen Stärke freisetzt, eignet er sich besonders für cremige, reichhaltige Reisgerichte.

### Klebreis

Klebreis (auch Glutenreis genannt) erhält man in dicken, weißen oder schwarzen Lang- und Rundkornarten. Die Körner werden beim Kochen klebrig und süß. Wenn Sie Klebreis dämpfen wollen, müssen Sie ihn über Nacht einweichen lassen – es sei denn, Sie garen ihn nach der Absorptionsmethode. Klebreis wird hauptsächlich für Süßspeisen verwendet.

### Langkornreis

Langkornreis bleibt auch nach dem Garen locker. Zu den Langkornsorten zählen Duft- und Basmatireis.

Arborio-Reis  Naturreis

Rundkornreis

Langkorn, Duft- und Basmatireis

Weißer und schwarzer Klebreis  Wildreis

## Risotto-Grundrezept

4 – 4 1/2 Tassen (1–1,2 l) Gemüse- oder Hühnerfond
1 Tasse (250 ml) trockener Weißwein
1 EL Olivenöl
1 EL Butter
1 Zwiebel, fein gehackt
2 Tassen Arborio-Reis
1/2 Tasse gehobelter Parmesan
grob gemahlener schwarzer Pfeffer
(Für 4 Personen)

**SCHRITT EINS**
Fond und Wein in einem Topf bei mittlerer Temperatur vorsichtig bis zum Siedepunkt erhitzen. Olivenöl und Butter in einem anderen Topf mit schwerem Boden bei mittlerer Temperatur zerlassen und die Zwiebeln darin glasig dünsten.

**SCHRITT ZWEI**
Den Reis zu Öl, Butter und Zwiebeln geben und 1 Minute unter ständigem Rühren braten, bis er glasig ist.

**SCHRITT DREI**
Langsam 1 Tasse Fond zum Reis geben und solange rühren, bis die Flüssigkeit aufgenommen ist. Den Vorgang wiederholen, dabei erst dann mehr Fond hinzufügen, wenn die Flüssigkeit vollständig aufgenommen ist. Auf diese Weise fortfahren, bis der Reis gar und das Risotto cremig ist. Bei Bedarf mehr Fond oder Wasser erhitzen und dazugeben.

**SCHRITT VIER**
Wenn der Reis fast gar ist, Parmesan und Pfeffer unterrühren. Das Risotto in tiefen Tellern auf gedämpftem Blattgemüse arrangieren, mit reichlich schwarzem Pfeffer bestreuen und sofort servieren.

Risotto-Grundrezept

## Risotto mit Süßkartoffeln und Huhn

350 g Süßkartoffeln, geschält und kleingeschnitten
4 – 4 1/2 Tassen (1 – 1,2 l) Hühnerfond
1 Tasse (250 ml) trockener Weißwein
1 EL Olivenöl
1 EL Butter
2 Stangen Porree, kleingeschnitten
2 Hühnerbrustfilets, gehackt
2 Tassen Arborio-Reis
1/3 Tasse gehobelter oder geriebener Parmesan
2 EL Butter
grob gemahlener schwarzer Pfeffer    (Für 4 Personen)

Die Süßkartoffeln auf ein gefettetes Backblech legen und 25 Minuten bei 180 °C knusprig backen. Fond und Wein in einem Topf vorsichtig erhitzen. Öl und Butter in einem anderen Topf mit schwerem Boden bei mittlerer Temperatur zerlassen und den Porree darin dünsten, bis er weich und goldbraun ist. Gehacktes Hühnerfleisch in die Pfanne geben und 4 Minuten braten, bis es gebräunt ist. Mit einem Schaumlöffel aus der Pfanne nehmen und beiseite stellen. Reis in die Pfanne geben und im Bratensaft glasig dünsten. Nach und nach jeweils 1 Tasse Fond unter ständigem Rühren zum Reis geben. Kurz vor Garende Fleischmischung und Parmesan sorgfältig unterrühren. Die Hälfte der Süßkartoffeln in Butter zerdrücken und zum Risotto geben. Das Risotto zum Servieren auf eine Servierplatte geben, mit den restlichen gebackenen Süßkartoffeln belegen und mit grob gemahlenem schwarzen Pfeffer bestreuen.

## Safranbratlinge mit Pilzen

25 g getrocknete Steinpilze
2 Tassen (500 ml) warmes Wasser
1/4 TL Safranfäden*
1/4 Tasse (60 ml) Wasser
2 Tassen (500 ml) Gemüsefond
1 Tasse (250 ml) trockener Weißwein
2 EL Öl
2 Stangen Porree, kleingeschnitten
2 Tassen Arborio-Reis
1 EL Zitronenthymian, gehackt
1/2 Tasse geriebener Parmesan
1 TL grob gemahlener schwarzer Pfeffer
Mehl zum Wälzen und Öl zum Braten
(Für 6 Personen)

Die Steinpilze 30 Minuten in warmem Wasser einweichen, dann die Pilze ausdrücken und das aufgefangene Wasser durch ein mit Küchenpapier ausgelegtes Sieb gießen. Die Safranfäden 5 Minuten in Wasser ziehen lassen. Pilzwasser, Safranmischung, Fond und Wein in einem Topf vorsichtig erhitzen. Öl in einem Topf mit schwerem Boden bei mittlerer Temperatur erhitzen und den Porree 5 Minuten dünsten, bis er fertig und goldbraun ist. Den Reis in der Pfanne unter ständigem Rühren braten, bis er glasig wird. Nach und nach jeweils 1 Tasse Flüssigkeit hinzugeben und kochen, bis das Risotto fast fertig ist. Die gehackten Pilze, Thymian, Parmesan und Pfeffer hinzufügen und kochen, bis der Reis gar, aber noch bißfest ist. Das Risotto 10 Minuten abkühlen lassen, dann zu kleinen Bratlingen formen und in Mehl wälzen. Die Bratlinge in heißem Öl braten, abtropfen lassen und servieren.

## Miso-Shiitake-Risotto

3 EL Miso*
4 Tassen (1 l) Wasser
1/2 Tasse (125 ml) Sake* oder Wein
1/2 Tasse (125 ml) Sherry
1 TL Sesamöl
1 EL Erdnußöl
2 rote Chilischoten, gehackt
150 g Shiitakepilze*, in Scheiben geschnitten
2 Tassen Arborio-Reis
1 EL vietnamesische Minze*, gehackt
2 EL Schnittlauch, gehackt
gedämpfter Pak Choi* (als Beilage)
grob gemahlener Pfeffer    (Für 4 Personen)

Miso, Wasser, Sake und Sherry in einem Topf vorsichtig erhitzen. Sesam- und Erdnußöl in einem Topf mit schwerem Boden bei mittlerer Temperatur erhitzen und die Chilischoten darin 1 Minute dünsten. Die Shiitakepilze hinzufügen und 2 Minuten braten, bis sie gar sind. Die Pilze mit einem Schaumlöffel aus dem Topf nehmen und beiseite stellen. Den Reis in den Topf geben und unter ständigem Rühren braten, bis er glasig ist. Nach und nach jeweils 1 Tasse Flüssigkeit hinzugeben und kochen, bis der Reis fast gar ist. Dann Pilze, Minze und Schnittlauch unterrühren. Den gedämpften Pak Choi auf Teller verteilen, das Risotto darübergeben und mit Pfeffer bestreuen.

## Tomaten-Fenchel-Risotto

6 Flaschentomaten*
Olivenöl
1 Dose (440 g) geschälte Tomaten, zerdrückt
2 Tassen (500 ml) Rinderfond
1 Tasse (250 ml) Rotwein
2 EL Olivenöl (zusätzlich)
2 Zwiebeln, gehackt
2 Knoblauchzehen, zerdrückt
3 junge Fenchelknollen, in Scheiben geschnitten
2 Tassen Arborio-Reis
1/3 Tasse geriebener reifer, fester Ziegenkäse
dünn geschnittenes mageres Rindfleisch (als Beilage)
(Für 6 Personen)

Risotto mit Süßkartoffeln und Huhn

Miso-Shiitake-Risotto

Safranbratlinge mit Pilzen

Tomaten-Fenchel-Risotto

Die Tomaten auf ein Backofenblech geben, mit Öl beträufeln, mit Pfeffer bestreuen und 30 Minuten bei 160 °C schmoren. Dosentomaten, Fond und Wein in einem Topf vorsichtig erhitzen. Das zusätzliche Öl in einem Topf mit schwerem Boden bei mittlerer Temperatur erhitzen und Zwiebeln und Knoblauch 3 Minuten glasig dünsten. Den Fenchel in den Topf geben und 8 – 10 Minuten braten, bis er gar ist. Den Reis in die Pfanne geben und glasig dünsten ist. Nach und nach jeweils 1 Tasse Fond-Flüssigkeit hinzugeben und kochen, bis die Flüssigkeit vollständig absorbiert oder der Reis gar ist. Dann Käse und Pfeffer unterrühren. Mit den geschmorten Tomaten und dünn geschnittenem magerem Rindfleisch servieren.

## Kokosreis mit grünem Chili

2 Tassen weißer Rund- oder Langkornreis
2 Tassen (500 ml) Wasser
1 Tasse (250 ml) Kokoscreme
2 grüne Chilischoten, entkernt und gehackt
2 EL Korianderblätter
6 Bananenblätter*   (Für 6 Personen)

Den Reis gründlich waschen und zusammen mit Wasser und Kokoscreme in einem Topf bei großer Hitze zum Kochen bringen. 8 Minuten garen lassen, bis sich Vertiefungen im Reis bilden und die Flüssigkeit fast vollständig aufgenommen ist. Den Topf vom Herd nehmen, Chilischoten und Koriander unter den Reis rühren, die Mischung auf die Bananenblätter verteilen darin einwickeln. Die Päckchen in einem Bambuskörbchen* 5 Minuten dämpfen und zu einem Kokos-Huhn-Curry servieren (siehe S. 120).

## Zitronen-Basilikum-Pilaw

1 EL Öl
2 Zwiebeln, gehackt
2 Knoblauchzehen, zerdrückt
1 EL geriebene Zitronenschale
2 Tassen Langkornreis
4 1/2 Tassen (1,2 l) Gemüsefond
1/2 Tasse Basilikumblätter
grob gemahlener schwarzer Pfeffer
Butter   (Für 4 bis 6 Personen)

Das Öl in einem Topf bei mittlerer Temperatur erhitzen und Zwiebeln und Knoblauch 4 Minuten dünsten, bis sie goldbraun sind. Zitronenschale und Reis in den Topf geben und 3 Minuten braten, bis der Reis glasig ist.
Fond und Basilikum zum Reis geben und 15 Minuten köcheln lassen, bis die Flüssigkeit aufgenommen ist. Mit grob gemahlenem Pfeffer bestreuen, mit etwas Butter verrühren und mit gegrilltem Fisch und Zitronenstücken servieren.

## Reis in Lotusblättern

1 EL Öl
3 Schalotten, gehackt
2 TL geriebener Ingwer
1 Hühnerbrustfilet, fein gehackt
1 Tasse Ente, in chinesischem Fünf-Gewürze-Pulver mariniert und fein gehackt
1/2 Tasse Shiitakepilze*, gehackt
3 EL Sojasauce
2 TL Zucker
4 Tassen gekochter Langkorn- oder Klebreis
4 getrocknete Lotusblätter
(Für 4 Personen)

Das Öl in einem Wok stark erhitzen und Schalotten und Ingwer 2 Minuten darin dünsten. Hühnerfleisch, Entenfleisch und Pilze hinzugeben und weitere 4 Minuten braten. Sojasauce, Zucker und Reis hinzufügen und gut umrühren. Die Lotusblätter in Wasser einweichen, dann trockentupfen. Den Reis auf die Lotusblätter geben und darin einwickeln. Die Päckchen in einem Bambuskörbchen* 15 Minuten dämpfen.

## Sojareis mit Hühnerbruststreifen

2 ganze Hühnerbrüste
4 EL helle Sojasauce
2 EL lieblicher Weißwein
1 EL geriebener Ingwer
2 1/2 Tassen weißer Rund- oder Langkornreis
3 3/4 Tassen (900 ml) kaltes Wasser
6 Schalotten, gehackt
125 g Austernpilze
1 TL Maisstärke   (Für 4 Personen)

Die Hühnerbrüste in feine Streifen schneiden, mit Sojasauce, Wein und Ingwer in eine Schüssel geben und 30 Minuten marinieren.
Den Reis gründlich unter kaltem Wasser abspülen, in einen großen Topf geben und mit kaltem Wasser bedecken. Dann zum Kochen bringen und 5 Minuten garen lassen. Die Temperatur reduzieren, die Hühnerbruststreifen aus der Marinade nehmen und die Marinade auffangen. Hühnerbruststreifen, Schalotten und Pilze auf den Reis geben, den Topf fest verschließen und weitere 15 Minuten kochen lassen, bis das Fleisch gar ist.
Nun die aufgefangene Marinade in einen Topf geben und zum Kochen bringen. Die Maisstärke mit etwas Wasser zu einer glatten Paste verrühren, in die Marinade geben und 1 Minute kochen lassen. Reis und Hühnerbruststreifen in tiefen Tellern anrichten und mit der Sauce übergießen.

Kokosreis mit grünem Chili

Reis in Lotusblättern

Zitronen-Basilikum-Pilaw

Sojareis mit Hühnerbruststreifen

# Asiatische Nudeln

Asiatische Nudeln

# Grundlagen

## Frische Reisnudeln

Frische Reisnudeln sind in den meisten Asienläden erhältlich; sie lassen sich aber nur wenige Tage im Kühlschrank aufbewahren. Vor der Zubereitung müssen die Nudeln 1 Minute in heißem Wasser eingeweicht und vorsichtig mit einer Gabel getrennt werden. Dann gießt man sie ab und verwendet sie nach Rezept.

## Getrocknete Reisnudeln

Getrocknete Reisnudeln variieren in der Dicke von dünnen Fäden (Vermicelle) bis hin zu breiten Bändern und kurzen Stäbchen. Vermicelle müssen 2 Minuten gekocht werden, während dickere Nudeln 3 – 4 Minuten Garzeit benötigen. Die Nudeln sollen bißfest bleiben.

## Hokkien-Nudeln

Diese runden, gelblichen Weizennudeln findet man in den Kühltheken der meisten Asienläden. Die Nudeln in einer Schüssel mit heißem oder kochendem Wasser bedecken und 1 – 2 Minuten einweichen lassen; dann abgießen und nach Rezept verwenden.

## Somen-Nudeln

Somen-Nudeln sind dünne weiße japanische Nudeln aus Weizen und Wasser oder Eigelb. Sie werden nur kurz in Wasser gekocht und kalt mit einem Dip serviert oder in einer Suppe verwendet.

## Shanghai-Nudeln

Shanghai-Nudeln sind weiche, flache und frische Weizennudeln. Sie verfügen im gekochten Zustand über eine feste Konsistenz und finden häufig in chinesischen Suppen und rührgebratenen Gerichten Verwendung.

## Soba-Nudeln

Diese japanischen Nudeln aus Buchweizen sind auch in Varianten mit zusätzlichem Weizenmehl und Gewürzen wie grünem Tee, Shisoblättern und schwarzen Sesamkörnern erhältlich.

## Frische Eiernudeln

Diese Nudeln sind in Asienläden in einer Vielzahl von Formen und Größen erhältlich. Kochen Sie sie 2 Minuten, bevor Sie sie zu rührgebratenen Gerichten geben.

## Getrocknete Eiernudeln

Getrocknete Eiernudeln werden in verschiedenen Stärken angeboten und müssen solange gekocht werden, bis sie gar sind. Dann abgießen und nach Rezept verwenden.

## Glasnudeln

Glasnudeln werden aus der Stärke der Mungobohne hergestellt und kommen als dünne Vermicelle oder als breite Bandnudeln in den Handel. Sie müssen 10 Minuten in kochendem Wasser eingeweicht und dann abgegossen werden (danach kann man sie in kürzere Stücke schneiden). Sie können sie aber auch direkt aus der Packung fritieren.

## Udon-Nudeln

Udon-Nudeln sind weiche, cremige, hellgelbe japanische Weizenmehlnudeln. Sie werden meist in Fond oder Suppe gekocht und als wärmender Imbiß serviert. Man erhält sie sowohl in Bündeln getrocknet als auch frisch in den meisten Asienläden.

## Ramen-Nudeln

Die ursprünglich aus China stammenden Ramen-Nudeln finden auch in Japan sehr häufig Verwendung (zum Beispiel in Nudelsuppen); sie sind sowohl frisch als auch getrocknet erhältlich. Die frischen Nudeln müssen gekocht werden, bevor man sie in eine Suppe gibt, während man die meisten getrockneten Ramen-Nudeln nur mit kochendem Wasser zu übergießen braucht, um sie zu garen.

Hokkien-Nudeln

Frische Reisnudeln

Getrocknete Reisnudeln

Shanghai-Nudeln

Asiatische Nudeln

Glasnudeln

Frische Eiernudeln

Getrocknete Eiernudeln

Getrocknete Ramen-Nudeln    Frische Ramen-Nudeln

Getrocknete Somen-Nudeln

Frische Somen-Nudeln

Frische Udon-Nudeln

Getrocknete Udon-Nudeln

Soba-Nudeln aus Buchweizen

Asiatische Nudeln

Ramen-Suppe mit Ente

Glasnudelsalat mit Rindfleisch

Rührgebratene Shanghai-Nudeln

Asiatische Nudeln

## Ramen-Suppe mit Ente

3 Tassen (750 ml) Hühnerfond
5 Tassen (1,3 l) Wasser
8 Scheiben Ingwer oder Galgant*
2 rote Chilischoten, halbiert und entkernt
2 EL Limonen- oder Zitronensaft
2 Stengel Zitronengras*
2 Korianderwurzeln
1 Ente, in chinesischem Fünf-Gewürze-Pulver mariniert, entbeint und fein gehackt
4 Schalotten, gehackt
200 g frische oder 150 g getrocknete Ramen-Nudeln
Sojasprossen, Chilischoten und Koriander (zum Garnieren)
(Für 4 bis 6 Personen)

Fond und Wasser in einem Topf vorsichtig erhitzen. Galgant, Chilischoten und Limonensaft in die leicht köchelnde Flüssigkeit geben. Zitronengras und Koriander mit der flachen Klinge eines Hackbeils zerdrücken, um das Aroma freizusetzen; dann in den Topf geben und 20 Minuten köcheln lassen. Die Flüssigkeit durchseihen und zusammen mit dem Entenfleisch und den Schalotten wieder in den Topf geben. Die Nudeln 3 – 5 Minuten in einem anderen Topf bißfest kochen, abgießen, zu der Suppe geben und 5 Minuten köcheln lassen. Die Suppe mit den Nudeln in Suppenschüsseln füllen und mit Sojasprossen, Chilistreifen und Koriander garnieren.

## Rührgebratene Shanghai-Nudeln

500 g frische dicke Shanghai-Nudeln
2 TL Sesamöl
1 EL Öl
4 Schalotten, gehackt
1/2 Chinakohl, in Streifen geschnitten
1 Hühnerbrust, in dünne Streifen geschnitten
250 g magere Schweinelende, in dünne Streifen geschnitten
150 g Pak Choi*, gehackt
3 EL Sojasauce
1 EL Hoisin-Sauce*
(Für 4 Personen)

Die Nudeln 5 Minuten in einem Wok oder einem Topf mit kochendem Wasser garen, abgießen und unter kaltem Wasser abschrecken.
Die Öle in einem Wok erhitzen und die Schalotten 1 Minute dünsten. Die Nudeln dazugeben und 4 Minuten unter ständigem Rühren braten. Die restlichen Zutaten hinzufügen und 5 – 7 Minuten garen. Mit Chilisauce servieren.

## Glasnudelsalat mit Rindfleisch

500 g Rumpsteak
200 g Glasnudeln
1 grüne Mango, geschält
1/2 Tasse thailändische Basilikumblätter*
1/2 Tasse Minzblätter
1/3 Tasse Korianderblätter
*Dressing*
4 EL Limonensaft
3 EL Sojasauce
2 EL brauner Zucker
1 grüne Chilischote, entkernt und gehackt
(Für 4 Personen)

Einen Grill oder eine Pfanne 2 Minuten stark erhitzen. Das Steak in die Pfanne geben und von jeder Seite 1 – 2 Minuten anbraten, bis sich die Poren schließen und das Fleisch saftig und schwach durchgebraten (medium) ist. Beiseite stellen.
Die Nudeln 5 Minuten in kochendem Wasser ziehen lassen und dann abgießen. Die Mango fein hacken und mit Nudeln, Basilikum, Minze und Koriander vermischen.
Für das Dressing Limonensaft, Sojasauce, Zucker und Chili in einer Schüssel vermischen.
Das Steak in dünne Scheiben schneiden und mit der Nudelmischung und dem Dressing vermischen. Den Salat zum Servieren auf Tellern anrichten.

## Kalter Soba-Nudelsalat

300 g getrocknete Soba-Buchweizennudeln
1 Salatgurke, gehackt
1 EL Ingwer, fein gehackt
2 EL schwarze Sesamkörner
4 Schalotten, gehackt
125 g Sashimi-Thunfisch*, in dünne Scheiben geschnitten
*Dressing*
4 EL japanische Sojasauce
4 EL Mirin*
Wasabi* zum Abschmecken
(Für 4 bis 6 Personen)

Die Nudeln in einen großen Topf mit kochendem Wasser geben. Sobald das Wasser wieder kocht, 1 Tasse kaltes Wasser hinzugeben und erneut aufkochen. Die Nudeln 8 Minuten sieden lassen, bis sie gar sind; dann unter kaltem Wasser abschrecken und gut abtropfen lassen. Die Nudeln in den Kühlschrank stellen. Dann die kalten Nudeln mit Gurke, Ingwer, Sesamkörnern und Schalotten vermischen. Auf Teller verteilen und mit Thunfisch garnieren.
Für das Dressing Sojasauce, Mirin und Wasabi in einer Schüssel verrühren. Das Dressing zum Servieren in kleinen Portionsschälchen neben die Salatteller stellen.

Kalter Soba-Nudelsalat  Reisnudel-Pfannkuchen

Asiatische Nudeln

Udon-Nudeln in Misosuppe

Hokkien-Nudeln mit gebratenen Jakobsmuscheln

Somen-Nudeln mit Chili-Limonen-Sauce

Asiatische Nudeln

Thailändische Reisnudeln

Eiernudeln mit mariniertem Schweinefleisch

## Reisnudel-Pfannkuchen

300 g frische dünne Reisnudeln
2 grüne Chilischoten, entkernt und gehackt
2 TL Ingwer, fein gehackt
2 EL Koriander, gehackt
2 EL Sesamkörner
Öl zum Braten
350 g Schweinefilet, in sehr dünne Scheiben geschnitten
2 EL Sojasauce
2 TL geriebene Limonenschale
Hoisin-Sauce*   (Für 6 Personen)

Die Nudeln in einer Schüssel mit kochendem Wasser übergießen, 3 Minuten einweichen, gut abtropfen lassen und auf Küchenpapier legen. Die Nudeln mit Chilischoten, Ingwer, Koriander und Sesamkörnern vermischen. Den Boden einer Pfanne etwa 1 cm hoch mit Öl bedecken und das Öl bei mittlerer Temperatur erhitzen. Jeweils einen Löffel Nudelmischung ins Öl geben und mit dem Pfannenwender flachdrücken. Die Pfannkuchen 2 – 3 Minuten von jeder Seite braten, bis sie goldbraun und knusprig sind. Auf Küchenpapier abtropfen lassen und den Vorgang mit der restlichen Mischung wiederholen.
Schweinefleisch, Sojasauce und Limonenschale in eine flache Schüssel geben und 10 Minuten marinieren. Das Schweinefleisch 3 – 4 Minuten in einer vorgeheizten Grillpfanne schwach durchbraten (medium).
Die Pfannkuchen auf einem Teller anrichten, mit dem Schweinefleisch belegen und mit Hoisin-Sauce beträufeln.

## Udon-Nudeln in Misosuppe

6 Tassen (1,5 l) kaltes Wasser
8 cm großes Stück Kombu (getrockneter Seetang)
5 EL getrocknete Bonitoflocken*
2 EL rote Misopaste*
250 g getrocknete Udon-Nudeln
300 g frischer grüner Spargel, geputzt und halbiert
150 g fester Tofu, gehackt
2 Schalotten, gehackt   (Für 4 bis 6 Personen)

Wasser und Kombu in einem Topf sanft zum Kochen bringen. Sobald das Wasser kocht, den Seetang herausnehmen. Den Topf vom Herd nehmen und die Bonitoflocken unterrühren. Die Flüssigkeit erneut zum Kochen bringen; dann den Topf vom Herd nehmen, 1 Minute stehen lassen und die Flüssigkeit durch ein feines Sieb oder ein Mulltuch seihen. Die Flüssigkeit in einen Topf geben und zum Kochen bringen. Etwas Flüssigkeit zur Misopaste geben und zu einer glatten Paste verrühren. Miso in den Topf geben, Nudeln und Spargel hinzufügen und 6 – 8 Minuten kochen, bis die Nudeln al dente sind. Tofu und Schalotten unter die Nudelmischung rühren und sofort servieren.

## Hokkien-Nudeln mit gebratenen Jakobsmuscheln

350 g Hokkien-Nudeln
2 TL Sesamöl
8 Schalotten, geschält und halbiert
1 EL Ingwer, fein gehackt
200 g Stangenbohnen, geputzt und halbiert
250 g chinesischer Broccoli, kleingeschnitten
3 EL Austernsauce*
2 EL süße Chilisauce
12 Jakobsmuscheln
1 EL Chiliöl
Limonenstücke
(Für 4 Personen)

Die Nudeln in einer Schüssel mit kochendem Wasser übergießen, 2 Minuten einweichen, dann abtropfen lassen. Das Öl in einem Wok oder einer Pfanne stark erhitzen und Schalotten und Ingwer 2 Minuten unter ständigem Rühren braten. Stangenbohnen, chinesischen Broccoli, Austernsauce und süße Chilisauce hinzugeben und 2 Minuten garen. Die Nudeln hinzufügen und weitere 3 Minuten kochen, bis sie vollständig erhitzt sind.
Die Nudeln auf vorgewärmte Teller geben. Das Chiliöl in einem Wok oder einer Pfanne stark erhitzen und die Muscheln 10 – 20 Sekunden von jeder Seite braten.
Die Muscheln auf die Nudeln geben und mit Limonenstücken servieren.

## Somen-Nudeln mit Chili-Limonen-Sauce

350 g getrocknete Somen-Nudeln
12 gekochte mittelgroße Garnelen, geschält
1 TL Sesamöl
2 rote Chilischoten, entkernt und gehackt
2 TL geriebener Ingwer
4 EL Sojasauce
2 EL süßer Sherry
3 EL Limonensaft
2 EL brauner Zucker
(Für 4 Personen)

Die Nudeln in einem Topf mit kochendem Wasser 10 Minuten al dente kochen. Abgießen, unter kaltem Wasser abschrecken und im Kühlschrank abkühlen lassen.
Für die Sauce Öl in einem Topf bei mittlerer Temperatur erhitzen und Chilischoten und Ingwer 1 Minute sautieren. Den Topf vom Herd nehmen und Sojasauce, Sherry, Limonensaft und Zucker unterrühren. Die Nudeln mit den Garnelen auf Tellern anrichten. Die Sauce in kleine Schälchen füllen und jeweils neben die Teller stellen.

Asiatische Nudeln

## Thailändische Reisnudeln

350 g frische oder 150 g getrocknete Reisnudeln
2 TL Öl
4 Schalotten, gehackt
1 rote Chilischote, entkernt und gehackt
1 kleines Stück Ingwer, fein gehackt
1 Hühnerbrustfilet, kleingeschnitten
12 rohe Garnelen, geschält und den dunklen Darm entfernt
4 EL Sojasauce
2 TL Fischsauce*
2 EL brauner oder Palmzucker*
100 g fester Tofu, kleingeschnitten
2 EL Zitronen- oder Limonensaft
100 g Sojasprossen
2 EL Minzblätter
2 EL Basilikumblätter
(Für 4 Personen)

Die Nudeln nach Anleitung (siehe S. 44) vorbereiten. Das Öl in einem Wok stark erhitzen und Schalotten, Chilischote und Ingwer 2 Minuten unter ständigem Rühren braten. Hühnerbrustfilet und Garnelen hinzufügen und 3 Minuten braten, bis das Fleisch goldbraun ist.
Sojasauce, Fischsauce, Zucker und Nudeln hinzugeben und 2 Minuten dünsten. Tofu, Zitronensaft, Sojasprossen, Minze und Basilikum hinzufügen und 1 Minute garen. Mit zusätzlichen Limonen- oder Zitronenstücken servieren.

## Eiernudeln mit mariniertem Schweinefleisch

350 g frische oder 200 g getrocknete Eiernudeln
1 EL Sesamöl
2 Zwiebeln, gehackt
1 grüne Paprikaschote, gehackt
200 g Pak Choi*
350 g Schweinefleisch, in chinesischem Fünf-Gewürze-Pulver mariniert, in Scheiben geschnitten
3 EL dunkle Sojasauce
2 EL lieblicher Weißwein
1/4 Tasse (60 ml) Hühnerfond
Chilisauce zum Servieren
(Für 4 Personen)

Die Nudeln nach Anleitung (siehe S. 44) vorbereiten. Das Öl in einem Wok oder einer Pfanne stark erhitzen und die Zwiebeln 5 Minuten braten, bis sie goldbraun sind. Paprika, Pak Choi und Schweinefleisch dazugeben und 2 Minuten unter ständigem Rühren braten.
Nudeln, Sojasauce, Wein und Fond hinzufügen und 4 Minuten garen, bis alles vollständig erhitzt ist. In Suppenschüsseln servieren und die Chilisauce dazu reichen.

## Nudelsuppe mit asiatischen Kräutern

200 g Reisnudeln (Vermicelle)
3 EL vietnamesische Minze*
3 EL Basilikumblätter
1 Tasse Sojasprossen oder Kichererbsenkeimlinge
6 Tassen (1,5 l) Hühnerfond
6 Kaffir-Limonenblätter*
2 rote Chilischoten, entkernt und gehackt
4 Scheiben Ingwer
3 Hühnerbrustfilets
(Für 6 Personen)

Die Reisnudeln in kochendem Wasser garen und abgießen. Auf sechs Suppenschüsseln verteilen und mit Minze, Basilikum und Sojasprossen garnieren.
Fond, Limonenblätter, Chilischoten und Ingwer in einem Topf zum Kochen bringen. Die Hühnerbrustfilets hinzugeben und 4 Minuten garen, dann herausnehmen und in Streifen schneiden. Den Fond 5 Minuten weiterköcheln lassen.
Das Hühnerfleisch auf den Nudeln anrichten und den heißen Fond darübergeben. Sofort servieren.

Nudelsuppe mit asiatischen Kräutern

# Gemüse

Gemüse

# Grundlagen

## Pürieren

Zu den vielen Gemüsesorten, die sich hervorragend pürieren lassen, zählen Kartoffeln, Pastinaken, Kürbisse und Knollensellerie. Zum Pürieren verwendet man meistens die Küchenmaschine – allerdings sondern Kartoffeln dabei zuviel Stärke ab und nehmen eine klebrige Konsistenz an, weshalb man sie besser mit einem Kartoffelstampfer oder einer Gabel zerdrückt. Etwas Milch oder Sahne verdünnt das Püree und macht es (ebenso wie ein Stich Butter) gehaltvoller. Als weitere Zutaten eignen sich unter anderem Pfeffer, gedünsteter Knoblauch, Kräuter und frisch gemahlene Gewürze. Für ein gutes Kartoffelpüree die geschälten Kartoffeln garen (am besten eine mehligkochende Kartoffelsorte verwenden), dann abgießen und auf eine warme Herdplatte stellen, so daß sie während des Zerstampfens heiß bleiben. Pro Kartoffel 1 Teelöffel Butter hinzufügen und die Kartoffeln unter Zugabe von Milch mit einem Stampfer oder einer Gabel zu einem glatten Püree zerdrücken. Anschließend das Püree nach Wunsch abschmecken und sofort servieren.

## Dämpfen

Das Dämpfen ist eine einfache Zubereitungsmethode, für die sich fast jedes Gemüse eignet. Zu den nicht geeigneten Gemüsen zählen stärkehaltige Sorten wie Kartoffeln. Achten Sie darauf, daß die zu dämpfenden Stücke gleich groß sind, damit sie gleichmäßig garen. Das Gemüse in ein Bambuskörbchen* oder einen Dämpfeinsatz geben und auf einen Topf mit kochendem Wasser stellen. Dabei darauf achten, daß das Gemüse nicht zerkocht – denn Wasserdampf ist extrem heiß.

## Rührbraten

Das Rührbraten ist eine einfache und schnelle Methode zur Zubereitung von Gemüse. Das Geheimnis besteht darin, die Pfanne oder den Wok stark zu erhitzen und das Gemüse in gleichgroße Stücke zu schneiden, so daß es gleichmäßig gart. Stärkehaltiges Gemüse eignet sich nicht zum Rührbraten. Rührgebratenes Gemüse sollte erst gegen Ende des Garvorgangs gewürzt werden. Sesamöl in einem Wok oder einer Pfanne stark erhitzen, das Gemüse hineingeben und 3 – 5 Minuten unter ständigem Rühren anbraten. Zum Schluß mit einem Spritzer Zitronensaft und grob gemahlenem schwarzem Pfeffer würzen und sofort servieren.

## Backen

Für diese Garmethode eignen sich besonders Knollengemüse, Zwiebeln, Kürbis und Paprikaschoten. Einige Gemüse (Kürbis und Süßkartoffeln) sollte man vorher schälen, andere (Rote Beten und Kartoffeln) braucht man nur gründlich abzubürsten. Das Gemüse in eine Auflaufform geben und mit Öl beträufeln, so daß es gleichmäßig bräunt. Die Form kräftig schütteln, damit das Gemüse vollständig mit dem Öl überzogen wird. Für Kartoffeln mit Salz und Rosmarin geben Sie 2 Teelöffel Meersalz und 1 Eßlöffel Rosmarinblätter zu den Kartoffeln und garen sie im Backofen bei 200 °C in 45 – 60 Minuten goldbraun.

## Grillen

Paprikaschoten, Zucchini, Auberginen und Fenchel sind nur einige der vielen Gemüsesorten, die sich hervorragend zum Grillen eignen. Da das Einfetten des Grills zu starker Rauchentwicklung führt, lautet die wichtigste Regel: Immer das Gemüse mit Öl bestreichen, nicht den Grill. Das Gemüse sollte von beiden Seiten gegrillt werden, bis es gar ist. Sie können es in einem Dressing marinieren oder zu gegrilltem oder geschmorten Fleisch servieren.

Pürieren

Dämpfen

Grillen

Rührbraten

Backen

Gemüse

Überbackener Sellerie mit Blauschimmelkäse

Chinesisches Gemüse in Austernsauce

Pizza mit Tomaten, geräuchertem Mozzarella und Oregano

## Überbackener Sellerie mit Blauschimmelkäse

500 g Knollensellerie, geschält und in Scheiben geschnitten
1/2 Tasse geröstete Haselnüsse, gehackt
3 Kartoffeln, geschält und in Scheiben geschnitten
2 Tassen (500 ml) Sahne
150 g Blauschimmelkäse, zerkrümelt
1 TL Kümmelkörner
(Für 4 Personen)

Sellerie, Haselnüsse und Kartoffeln in eine gefettete, feuerfeste Auflaufform schichten, mit Sahne übergießen und im vorgeheizten Backofen bei 200 °C 40 Minuten garen. Mit Käse und Kümmelkörnern bestreuen und weitere 15 Minuten überbacken, bis das Gemüse zart und der Käse goldbraun ist. Zu geschmortem Fleisch servieren.

## Chinesisches Gemüse in Austernsauce

250 g chinesischer Broccoli
150 g Choi Sum
2 TL Sesamöl
1 TL geriebener Ingwer
3 EL Austernsauce*
3 EL Hühnerfond
1 EL Sojasauce
2 TL Zucker
(Für 4 Personen)

Broccoli und Choi Sum in kleine Stücke schneiden, 30 Sekunden in kochendem Wasser blanchieren, abtropfen lassen. Für die Sauce Öl in einem Wok stark erhitzen und den Ingwer 1 Minute dünsten.
Die restlichen Zutaten hinzugeben und 2 Minuten garen. Das Gemüse in die Sauce geben und 1 Minute kochen lassen, bis es vollständig erhitzt ist. Sofort servieren.

## Pizza mit Tomaten, geräuchertem Mozzarella und Oregano

1 Portion Pizzateig*
300 g geräucherter Mozzarella, in Scheiben geschnitten
2 grüne Tomaten, in Scheiben geschnitten
2 rote Tomaten, in Scheiben geschnitten
2 Knoblauchzehen, in Scheiben geschnitten
3 EL Oreganoblätter
Olivenöl
1/2 Tasse gehobelter Parmesan
(Für 4 Personen)

2 Backbleche im vorgeheizten Ofen bei 180 °C erhitzen. Den Pizzateig in vier Portionen aufteilen und zu 3 mm dicken, runden Platten ausrollen. Mit Mozzarellascheiben und grünen und roten Tomaten belegen und mit Knoblauch, Oregano, Öl und Parmesan bestreuen. Die belegten Teigplatten auf die vorgeheizten Backbleche gleiten lassen und 25 Minuten backen, bis der Rand goldbraun ist.

## Gemüse-Quiche

1 Portion oder 250 g Mürbeteig*
750 g Kartoffeln, kleingeschnitten
2 EL Butter
1/2 Tasse (125 ml) Milch
1/2 Tasse geriebener Cheddar
300 g Kürbis, kleingeschnitten
300 g Süßkartoffeln, kleingeschnitten
200 g Broccoli, kleingeschnitten
120 g grüne Bohnen, geputzt und halbiert
2 EL Basilikum, gehackt
1/2 Tasse geriebener Parmesan
(Für 6 Personen)

Den Teig auf einer leicht bemehlten Arbeitsfläche dünn ausrollen (3 mm). Sechs kleine Soufflé-Förmchen* mit dem Teig auskleiden und bis zur Verwendung in den Kühlschrank stellen. Die Kartoffeln in einem Topf mit kochendem Wasser garen. Abgießen, mit Butter und Milch pürieren und mit Cheddar verrühren.
Kürbis und Süßkartoffeln garen, abgießen und mit dem Kartoffelpüree, Broccoli, Bohnen und Basilikum verrühren. Das Gemüse in die Teigförmchen füllen, mit Parmesan bestreuen und im vorgeheizten Backofen bei 200 °C etwa 30 Minuten überbacken, bis die Oberfläche goldbraun ist.

## Rohkost-Frühlingsrollen

12 runde Reispapierblätter
1 Tasse Zuckererbsenkeimlinge
1/2 Tasse Möhren, in feine Streifen geschnitten
1/2 Tasse rohe Rote Beten, in feine Streifen geschnitten
125 g Enoki-Pilze*
1/4 Tasse Minzblätter
1/4 Tasse thailändisches Basilikum*
2 EL Limonensaft
2 EL Chilisauce
2 TL brauner Zucker    (Für 4 Personen)

Die Reispapierblätter in mehreren Portionen in warmem Wasser einweichen. Auf jedes Blatt eine kleine Portion Keimlinge, Möhren, Rote Beten, Pilze, Minze und Basilikum geben und einrollen. Für den Dip Limonensaft, Chilisauce und Zucker vermischen und zu den Rohkost-Frühlingsrollen servieren.

Gemüse-Quiche

Gemüse

Paprikasuppe

Süßkartoffelsuppe

Linsensuppe mit Spinat und Zitrone        Zwiebel-Fenchel-Suppe

## Paprikasuppe

5 rote Paprikaschoten, geviertelt
1 EL Öl
2 Knoblauchzehen
2 rote Zwiebeln, gehackt
4 Tomaten, abgezogen und kleingeschnitten
4 Tassen (1 l) Hühnerfond
grob gemahlener schwarzer Pfeffer
(Für 4 Personen)

Die Paprikaschoten mit der Hautseite nach oben unter dem heißen Backofengrill grillen, bis die Haut schwarz wird und Blasen wirft. Die Schoten dann 5 Minuten in einem geschlossenen Gefrierbeutel ruhen lassen, dann herausnehmen und die Haut anschließend abziehen.
Das Öl in einer Pfanne bei mittlerer Temperatur erhitzen und Knoblauch und Zwiebeln 4 Minuten dünsten, bis die Zwiebeln gar und goldbraun sind. Die Tomaten hinzugeben und 5 Minuten braten, bis sie sehr weich sind. Paprikaschoten und Tomatenmischung in der Küchenmaschine glatt pürieren. Die Mischung in einen Topf geben, den Fond hinzufügen und 5 Minuten bei mittlerer Temperatur erhitzen. Mit grob gemahlenem schwarzem Pfeffer bestreuen und mit Toastbrot servieren.

## Süßkartoffelsuppe

1 kg Süßkartoffeln, geschält und kleingeschnitten
2 TL Öl
2 EL Ingwer, fein gehackt
2 TL Kreuzkümmelkörner
2 rote Chilischoten, gehackt
2 Stengel Zitronengras*, fein gehackt
2 Tassen (500 ml) Gemüsefond
2 Tassen (500 ml) Kokosmilch
1 EL brauner oder Palmzucker*
1/2 Tasse Korianderblätter
(Für 4 Personen)

Die Süßkartoffeln 5 Minuten in einem Topf mit kochendem Wasser kochen, bis sie gar sind, dann abgießen und beiseite stellen. Das Öl in einem Topf bei mittlerer Temperatur erhitzen und Ingwer, Kümmelkörner, Chilischoten und Zitronengras 3 Minuten rösten.
Süßkartoffeln und Gewürzmischung in der Küchenmaschine mit etwas Fond glatt pürieren. Die Süßkartoffelmischung in einem Topf bei mittlerer Temperatur erhitzen. Den restlichen Fond, Kokosmilch und Palmzucker hinzugeben und unter ständigem Rühren erneut aufkochen. Den Koriander unterrühren und servieren.

## Linsensuppe mit Spinat und Zitrone

350 g grüne Linsen
1 EL Olivenöl
3 Stangen Porree, fein geschnitten
4 Knoblauchzehen, zerdrückt
3 Kartoffeln, geschält und kleingeschnitten
3 Lorbeerblätter
4 Thymianzweige
4 Oreganozweige
4 Tassen (1 l) Gemüsefond
8 Tassen (2 l) Wasser
500 g Blattspinat, geputzt und gehackt
1/3 Tasse (80 ml) Zitronensaft
(Für 6 Personen)

Die Linsen 2 Stunden in einer Schüssel mit kaltem Wasser einweichen.
Das Öl in einem großen Topf bei mittlerer Temperatur erhitzen und Porree und Knoblauch darin 6 Minuten dünsten, bis sie goldbraun und weich sind. Kartoffeln, Lorbeerblätter, Thymian, Oregano, Fond, Wasser und die abgetropften Linsen in den Topf geben und 40 Minuten köcheln lassen, bis die Linsen gar sind.
Spinat und Zitronensaft zur Suppe geben, 1 Minute kochen lassen und mit gegrilltem Fladenbrot servieren.

## Zwiebel-Fenchel-Suppe

1 EL Öl
6 Zwiebeln, gehackt
2 EL Thymian, gehackt
1 EL Rosmarinblätter
4 Tassen (1 l) Rinder- oder Gemüsefond
2 Tassen (500 ml) Wasser
350 g Fenchel, in Scheiben geschnitten
gehobelter Parmesan
grob gemahlener schwarzer Pfeffer
(Für 4 Personen)

Das Öl in einem Topf bei schwacher Hitze erhitzen und Zwiebeln, Thymian und Rosmarin 10 Minuten dünsten, bis die Zwiebeln gar und gut gebräunt sind. Nun Fond, Wasser und Fenchel hinzufügen und 8 Minuten köcheln lassen. Die Suppe zum Servieren in Suppenschüsseln füllen und mit Parmesan und Pfeffer bestreuen.

Rohkost-Frühlingsrollen

Gemüse

Auberginensalat mit Kichererbsen

Zwiebelkuchen

Omelette mit Shiitakepilzen

Gemüse

Spinattorte mit Käse und Oliven

Rührgebratene Bohnen mit Zitrone und Cashewnüssen

Spargel mit süßem Sake und Ingwer

Süßkartoffel-Quiche mit Salbei

## Auberginensalat mit Kichererbsen

2 Auberginen, kleingeschnitten
Salz
3 EL Olivenöl
3 Knoblauchzehen, in Scheiben geschnitten
2 TL Korianderpulver
1 TL Kardamomkapseln
1 TL Zimt
2 Tassen Kichererbsen, gekocht
1/2 Tasse glatte Petersilie, gehackt
200 g junger Blattspinat
*Dressing*
1/2 Tasse (120 ml) Joghurt
2 EL Minze, gehackt
2 TL Honig
2 TL Kreuzkümmel, gemahlen
(Für 4 Personen)

Die Auberginenstücke in einem Sieb mit Salz bestreuen und 20 Minuten abtropfen lassen. Abspülen und mit Küchenpapier trockentupfen.
Das Öl in einer Pfanne stark erhitzen und Knoblauch, Koriander, Kardamom und Zimt 1 Minute rösten. Die Auberginen dazugeben und 3 Minuten unter ständigem Rühren anbraten, bis sie goldbraun sind. Die Kichererbsen in die Pfanne geben und 3 Minuten erhitzen. Die Petersilie unterrühren und die Pfanne vom Herd nehmen. Für das Dressing Joghurt, Minze, Honig und Kümmel vermischen.
Den Spinat auf Teller verteilen, mit der Auberginen-Kichererbsenmischung belegen und mit dem Dressing beträufeln.

## Zwiebelkuchen

5 Zwiebeln, in Scheiben geschnitten
2 EL Olivenöl
2 EL Butter
3 EL Salbeiblätter
250 g Blätterteig (aus der Kühltheke)
150 g weicher Ziegenkäse
grob gemahlener schwarzer Pfeffer
(Für 4 Personen)

Zwiebeln, Öl, Butter und Salbei 12 Minuten in einem Topf bei schwacher Hitze dünsten, bis die Zwiebeln gar und goldbraun sind. Den Teig auf einer leicht bemehlten Arbeitsfläche zu einem 3 mm dicken Rechteck ausrollen, dann ein Rechteck von 18 x 25 cm Größe ausschneiden und auf ein Backblech legen.
Mit Ziegenkäse bestreichen und mit Pfeffer bestreuen.
Die Zwiebeln auf dem Ziegenkäse verteilen und im vorgeheizten Backofen bei 200 °C etwa 20 Minuten backen, bis der Teig aufgegangen und goldbraun ist. Den Zwiebelkuchen mit einem gemischten grünen Salat servieren.

## Omelette mit Shiitakepilzen

2 TL Sesamöl
125 g Shiitakepilze*, in Scheiben geschnitten
1/2 Tasse Schnittlauch, gehackt
1 TL Misopaste*
1/4 Tasse (60 ml) kochendes Wasser
5 Eier, leicht geschlagen
grob gemahlener schwarzer Pfeffer
(Für 2 Personen)

Das Öl in einem Wok oder einer Pfanne bei mittlerer Temperatur erhitzen und Pilze und Schnittlauch 2 Minuten unter ständigem Rühren anbraten. Die Misopaste in Wasser auflösen, in die Pfanne geben und solange rühren, bis die Flüssigkeit verdampft ist.
Die Eier über die Pilze gießen und die Pfanne schwenken, so daß ein dünnes Omelette entsteht. Das Omelette 1 Minute backen, aus der Pfanne nehmen und einrollen. Mit Pfeffer bestreuen und servieren

## Spinattorte mit Käse und Oliven

125 g junge Spinatblätter
125 g kleine Sauerampferblätter*
1 EL Butter
6 Schalotten, gehackt
frisch gemahlener Muskat
375 g Ricotta
1/3 Tasse geriebener Parmesan
1/4 Tasse Petersilie, gehackt
1/4 Tasse Minze, gehackt
1/2 Tasse Oliven, entsteint und gehackt
3 Eier, leicht geschlagen
8 Platten Filo- oder Blätterteig
Olivenöl
(Für 6 Personen)

Spinat und Sauerampfer in einer Pfanne bei mittlerer Temperatur unter ständigem Rühren garen, bis sie zusammenfallen, dann gut abtropfen lassen. Die Butter in der Pfanne bei mittlerer Temperatur zerlassen und Schalotten und Muskat 2 Minuten dünsten.
Blattgemüse, Ricotta, Parmesan, Petersilie, Minze, Oliven und Eier in einer großen Schüssel vermischen. Den Teig mit etwas Olivenöl bestreichen und eine große Springform mit den Teigplatten vollständig auskleiden. Die Füllung hineingeben und den überhängenden Teig nach innen schlagen, so daß ein Rand entsteht. Anschließend im vorgeheizten Backofen bei 180 °C etwa 35 Minuten backen, bis die Füllung fest ist.

## Spargel mit süßem Sake und Ingwer

2 TL Öl
2 EL fein gehackter frischer Ingwer
4 Schalotten, gehackt
1/2 Tasse süßer Sake* oder Mirin*
2 EL helle Sojasauce
1 EL Austernsauce*
500 g frischer grüner Spargel
1 EL schwarze Sesamkörner
sauer eingelegter Ingwer (als Beilage)
(Für 4 Personen)

Das Öl in einem Wok oder einer Pfanne bei mittlerer Temperatur erhitzen und Ingwer und Schalotten 2 Minuten unter ständigem Rühren anbraten. Sake, Sojasauce und Austernsauce hinzufügen und 2 Minuten kochen lassen.
Den Spargel in die Pfanne geben und 3 – 4 Minuten unter ständigem Rühren dünsten, bis er eine leuchtende Farbe annimmt. Die Sesamkörner unterrühren. Den Spargel in tiefen Tellern anrichten und mit sauer eingelegtem Ingwer servieren.

## Kürbisgnocchi

750 g Kürbis, geschält und kleingeschnitten
2 EL Butter
1 1/4 Tassen Mehl
1 Eigelb
grob gemahlener schwarzer Pfeffer
*Buttersauce*
125 g Butter
2 EL Thymianblätter
gehobelter Parmesan
grob gemahlener schwarzer Pfeffer
(Für 4 Personen)

Den Kürbis in einem Topf mit kochendem Wasser garen, dann abgießen und durch ein Sieb passieren. Wieder in den Topf geben, die Butter hinzufügen und bei schwacher Hitze unter ständigem Rühren garen, bis die Mischung andickt und eintrocknet.
Den Topf vom Herd nehmen und Mehl, Eigelb und Pfeffer unterrühren, so daß ein weicher Teig entsteht. Jeweils 1 Eßlöffel Teig in den Händen zu einer flachen Scheibe formen und auf einer Seite mit den Zinken einer Gabel eindrücken. Für die Sauce Butter und Thymian in einem Topf bei schwacher Hitze köcheln lassen, bis die Butter goldbraun ist. Nach und nach die Gnocchi in kleinen Portionen in einem Topf mit kochendem Wasser garen, bis sie an die Oberfläche steigen. Die Gnocchi zum Servieren mit Buttersauce übergießen und mit Parmesan und Pfeffer bestreuen.

## Süßkartoffel-Quiche mit Salbei

1 Portion oder 250 g Mürbeteig*
750 g Süßkartoffeln
1/2 Tasse (120 ml) saure Sahne
3 Eier
2 EL Salbei, gehackt
1 EL Honig
2 TL Kreuzkümmel, gemahlen
1 TL Muskat
grob gemahlener schwarzer Pfeffer
Salbeiblätter (zusätzlich)
(Für 4 bis 6 Personen)

Den Teig auf einer leicht bemehlten Arbeitsfläche zu einer 3 mm dicken, runden Platte ausrollen und eine 24 cm große Springform damit auskleiden. Bis zur Verwendung in den Kühlschrank stellen.
Die Süßkartoffeln in einem Topf mit kochendem Wasser garen, abgießen und in der Küchenmaschine mit saurer Sahne sorgfältig pürieren. Eier, Salbei, Honig, Kreuzkümmel, Muskat und Pfeffer unterrühren.
Die Mischung in die Teigform füllen und mit den zusätzlichen Salbeiblättern garnieren; im vorgeheizten Backofen bei 200 °C etwa 35 Minuten backen, bis der Teig goldbraun und die Füllung fest ist. Vor dem Aufschneiden 5 Minuten ruhen lassen und warm oder kalt servieren.

## Rührgebratene Bohnen mit Zitrone und Cashewnüssen

1 EL Butter
1/2 Tasse ungesalzene Cashewnüsse, gehackt
200 g grüne Bohnen, geputzt
150 g Stangenbohnen, halbiert
150 g gelbe Bohnen, geputzt
1/3 Tasse (80 ml) Zitronensaft
2 EL brauner oder Palmzucker*
1 EL helle Sojasauce
2 EL Minzblätter
(Für 4 Personen)

Die Butter in einer Pfanne oder einem Wok bei mittlerer Temperatur zerlassen und die Cashewnüsse 2 Minuten unter ständigem Rühren rösten.
Die Bohnen hinzugeben und 3 Minuten unter ständigem Rühren braten, bis sie noch knusprig, aber gar sind. Zitronensaft, Zucker, Sojasauce und Minze in die Pfanne geben, 1 Minute erhitzen und zu Couscous servieren.

Kürbisgnocchi

Topinambur-Aufstrich mit Rosmarin-Bruschetta

Porree-Cheddar-Soufflé

Zucchinipfannkuchen mit Brie

Rühgebratener Kürbis mit rotem Curry

## Topinambur-Aufstrich mit Rosmarin-Bruschetta

350 g Topinambur, kräftig abgebürstet
2 EL Butter
3/4 Tasse (200 ml) Milch
1 1/2 Tassen Kichererbsen, gekocht
1 TL Kreuzkümmel, gemahlen
2 EL Zitronensaft
1 Knoblauchzehe, zerdrückt
*Rosmarin-Bruschetta*
1 Laib kräftiges Brot
Olivenöl
6 Rosmarinzweige
(Für 4 bis 6 Personen)

Die Topinambur 5 Minuten in einem Topf mit kochendem Wasser garen, abgießen und mit Butter und Milch in der Küchenmaschine glatt pürieren. Kichererbsen, Kreuzkümmel, Zitronensaft und Knoblauch hinzugeben und zu einem glatten Mus pürieren.
Das Brot in dünne Scheiben schneiden und mit etwas Olivenöl bepinseln. Die Scheiben mit Rosmarin bestreuen, unter dem heißen Backofengrill knusprig backen und mit dem Aufstrich servieren.

## Zucchinipfannkuchen mit Brie

2 Tassen Zucchini, gerieben
2 Eier
3 EL Butter, zerlassen
3/4 Tasse Mehl
1/3 Tasse geriebener Parmesan
grob gemahlener schwarzer Pfeffer
1/2 TL Muskat
200 g Brie
100 g halbgetrocknete Tomaten
2 EL Schnittlauch, gehackt
(Für 4 Personen)

Überschüssige Flüssigkeit aus den Zucchini herausdrücken und die Zucchini in einer Schüssel mit Eiern, Butter, Mehl, Parmesan, Pfeffer und Muskat sorgfältig verrühren. Eine beschichtete Pfanne bei mittlerer Temperatur erhitzen und jeweils einen Löffel der Mischung von jeder Seite 2 Minuten braten, bis die Pfannkuchen goldbraun sind. Die Pfannkuchen warmhalten und den Vorgang mit der restlichen Mischung wiederholen.
Die Pfannkuchen zum Servieren mit etwas Brie belegen und mit Tomaten und Schnittlauch garnieren.

## Porree-Cheddar-Soufflé

2 EL Olivenöl
3 Stangen Porree, kleingeschnitten
2 EL Butter
3 EL Mehl
1 1/4 Tasse (310 ml) Milch, erwärmt
3/4 Tasse geriebener reifer Cheddar
1 EL Zitronenthymianblätter
grob gemahlener schwarzer Pfeffer
3 Eigelb
4 Eiweiß
1 1/2 Tassen (375 ml) Sahne    (Für 6 Personen)

Das Olivenöl in einer Pfanne bei mittlerer Temperatur erhitzen, den Porree 6 Minuten dünsten, bis er goldbraun ist, und beiseite stellen. Die Butter in einem Topf bei mittlerer Temperatur zerlassen und das Mehl 1 Minute unter ständigem Rühren anschwitzen. Die Milch kräftig unterrühren, bis die Mischung aufkocht und andickt. Nun den Topf vom Herd nehmen und Cheddar, Thymian, Pfeffer, Porree und Eigelb unterrühren. Das Eiweiß steif schlagen, unter die Käsemischung heben und in sechs gefettete Soufflé-Förmchen* (für 250 ml) füllen. Die Förmchen in eine Auflaufform stellen und diese bis etwa 2 cm unterhalb des Förmchenrandes mit Wasser füllen. 20 Minuten bei 180 °C backen, bis die Soufflés aufgehen und fest sind. Aus dem Backofen nehmen, die Soufflés zusammenfallen und etwas abkühlen lassen. Zum Servieren auf tiefe Teller stürzen und jedes Soufflé mit Sahne überziehen. In den Backofen stellen und weitere 15 Minuten backen, bis die Soufflés aufgegangen und goldbraun sind. Mit einem Raukesalat servieren.

## Rührgebratener Kürbis mit rotem Curry

1 EL Öl
2-3 EL rote Currypaste*
2 Zwiebeln, gehackt
650 g Kürbis, geschält und in Scheiben geschnitten
6 Blätter des »Currybaums«
1 1/2 Tassen (375 ml) Kokosmilch
3 EL Korianderblätter
1 rote Chilischote, gehackt
100 g thailändische Mini-Auberginen*
1/2 Tasse geröstete Mandeln, grob gehackt
gedämpfter Basmatireis    (Für 4 Personen)

Das Öl in einer Pfanne oder einem Wok bei mittlerer Temperatur erhitzen und Currypaste und Zwiebeln 2 Minuten dünsten. Den Kürbis hinzugeben und 3 Minuten unter ständigem Rühren braten. Curryblätter, Kokosmilch und Koriander hinzufügen und 8 Minuten köcheln lassen. Chilischote, Auberginen und Mandeln unterrühren und weitere 2 Minuten kochen lassen. Mit Basmatireis servieren.

# Salat 6

Salat

# Grundlagen

Den Rezepten und Zubereitungsmethoden für Salate sind keine Grenzen gesetzt. Blattsalate eignen sich sowohl als Vorspeise wie auch als Beilage. Sie können aber auch als eigenständige Mahlzeit serviert werden, wenn sie neben Blattsalat auch noch gehaltvollere Zutaten enthalten.

## Lagerung

Die meisten Blattsalate halten sich gut im Kühlschrank, wenn man sie wäscht und etwas Wasser an den Blättern läßt. Den Salat in ein feuchtes Tuch wickeln und im Gemüsefach des Kühlschranks aufbewahren (auf keinen Fall im Kühlschrankbereich mit den niedrigsten Temperaturen lagern). Aufgrund ihres hohen Wassergehalts eignen sich Blattsalate nicht zum Einfrieren.

## Auswahl

Beim Einkauf von Blattsalat sollten Sie darauf achten, daß die Blätter knackig sind und (besonders zum Herzen hin) eng zusammenstehen. Wenn Sie weicheren Blattsalat wie Kopfsalat kaufen, sollten die Blätter biegsam, aber knackig und von leuchtend grüner Farbe sein. Bei der Auswahl loser Salatblätter wie jungem Blattspinat und Rauke darauf achten, daß die Blätter knackig und nicht welk sind und eine dunkelgrüne Färbung aufweisen. Die Stengel sollten trocken und nicht verfärbt sein.

## Vorbereitung

Alle welken oder beschädigten äußeren Blätter entfernen; dann die Blätter einzeln abtrennen und die Stengel bei Bedarf kürzen. Den Salat unter fließendem, kaltem Wasser waschen oder die Blätter einige Minuten in kaltes Wasser einlegen. Verwelkte Blätter lassen sich in Eiswasser wieder auffrischen.

## Vielfalt

Blattsalate sind in großer Vielfalt erhältlich. Die verschiedenen Salate eignen sich aufgrund ihrer unterschiedlichen Aromen hervorragend zur Kombination mit anderen Zutaten. Die Rauke besitzt einen deutlich pfeffrigen Geschmack, dessen Intensität von mild bis scharf reicht. Brunnenkresse bietet ein mild pfeffriges Aroma und verwelkt schnell, so daß sie in kaltem Wasser aufgefrischt werden muß. Radicchio verfügt über einen scharfen, bitteren Geschmack, der gut zu einem kräftigen Dressing paßt.

## Servieren

Damit die Blätter knackig bleiben, sollten Sie den Salat erst unmittelbar vor dem Servieren mit dem Dressing übergießen, da essig- und zitronensafthaltige Dressings die Blätter schnell welken lassen.

Mizuna*

Junger Blattspinat

Radicchio

Rauke

Endivie

Salat

### Balsamico-Dressing

1/3 Tasse (80 ml) Balsamessig
1/2 Tasse (125 ml) fruchtiges Olivenöl
1 EL brauner Zucker
1/4 Tasse Basilikumblätter
grob gemahlener schwarzer Pfeffer
(Ergibt 250 ml)

Zutaten langsam in einem Topf erhitzen, das Basilikum 5 Minuten ziehen lassen, dann die Flüssigkeit durch ein Sieb in eine Flasche gießen. Hält bis zu 2 Wochen im Kühlschrank.

### Einfache Vinaigrette

1/2 Tasse (125 ml) Olivenöl
1/2 Tasse (125 ml) Weißweinessig
grob gemahlener schwarzer Pfeffer
Meersalz
2 EL grobkörniger Senf
(Ergibt 250 ml)

Die Zutaten in einer Schüssel verrühren. Hält bis zu 3 Wochen im Kühlschrank. Vor Gebrauch schütteln, da sich die Zutaten mit der Zeit trennen.

## Thailändisches Dressing

1 EL Sesamöl
1/3 Tasse (80 ml) helle Sojasauce
2 EL Limonensaft
1 EL brauner oder Palmzucker*
2 rote Chilischoten, gehackt
1 TL Fischsauce* (nach Wunsch)
(Ergibt 120 ml)

Die Zutaten in einer Schüssel verrühren. Läßt sich bis zu 1 Woche im Kühlschrank aufbewahren.

## Cäsar-Dressing

3/4 Tasse (200 ml) Mayonnaise
1/2 Tasse (120 ml) saure Sahne
2 EL grobkörniger Senf
1/3 Tasse geriebener Parmesan
grob gemahlener schwarzer Pfeffer
4 Sardellen, gehackt (nach Wunsch)
(Ergibt 375 ml)

Alle Zutaten in einer Schüssel sorgfältig verrühren. Läßt sich bis zu 1 Woche im Kühlschrank aufbewahren.

Salat

Tintenfischsalat mit Balsamico-Dressing und Basilikum　　　　Warmer Olivensalat

Feigensalat mit gegrillten Hühnerbruststreifen

Salat

Warmer Linsensalat

Austernsalat

Raukesalat mit Süßkartoffeln

Süßer Fenchelsalat mit Granatäpfeln

## Warmer Linsensalat

2 TL Öl
2 TL Kreuzkümmelkörner
2 Knoblauchzehen, zerdrückt
2 TL geriebener Ingwer
1 1/2 Tassen rote Linsen
3 Tassen (750 ml) Gemüse- oder Hühnerfond
2 EL Minze, gehackt
2 EL Koriander, gehackt
150 g junge Spinatblätter
100 g Ziegenkäse
grob gemahlener schwarzer Pfeffer
Limonenstücke   (Für 4 Personen)

Das Öl in einem Topf bei mittlerer Temperatur erhitzen und Kreuzkümmel, Knoblauch und Ingwer 2 Minuten dünsten. Die Linsen hinzugeben und 1 Minute garen. Nach und nach jeweils 1 Tasse Fond dazugeben, bis sämtliche Flüssigkeit vollständig aufgenommen ist (nach etwa 20 Minuten). Anschließend den Topf vom Herd nehmen und Minze und Koriander unter die Linsen rühren.
Die Spinatblätter zum Servieren in Suppenschüsseln legen, die Linsen darübergeben und mit Ziegenkäse garnieren. Den Salat mit Pfeffer bestreuen und mit Limonenstücken servieren.

## Austernsalat

2 Bund Rauke, geputzt
4 Schalotten, in Scheiben geschnitten
100 g gehobelter Parmesan
1 Salatgurke, in dünne Scheiben geschnitten
24 frische Austern in der halben Schale
2 EL Butter
2 EL Öl
1 EL Zitronenthymian
1/2 Tasse Reismehl
2 EL Zitronensaft
grob gemahlener schwarzer Pfeffer
(Für 4 Personen)

Rauke, Schalotten, Parmesan und Gurkenscheiben auf Tellern anrichten. Die Austern aus der Schale lösen und beiseite stellen.
Butter, Öl und Zitronenthymian in einer kleinen Pfanne bei mittlerer Temperatur erhitzen.
Die Austern leicht in Mehl wälzen und überschüssiges Mehl abschütteln, dann 5 Sekunden von jeder Seite in der heißen Buttermischung anbraten und auf den Raukesalat geben. Zitronensaft und Pfeffer in die Pfanne geben und 1 Minute köcheln lassen. Als Dressing über den Salat gießen und sofort servieren.

## Raukesalat mit Süßkartoffeln

450 g Süßkartoffeln, geschält
200 g Haloumi-Schafkäse*
Chiliöl*
200 g Raukeblätter
2 EL vietnamesische Minze*
4 Schalotten, in Scheiben geschnitten
*Dressing*
1 rote Chilischote, in Scheiben geschnitten
2 EL Sojasauce
2 EL Kaffir-Limonen*- oder Limonensaft
2 TL brauner oder Palmzucker*
(Für 4 Personen)

Süßkartoffeln und Haloumi mit Chiliöl bestreichen und in einer erhitzten Grillpfanne 1 – 2 Minuten von jeder Seite bräunen. Raukeblätter, Minze und Schalotten auf Teller verteilen und mit Süßkartoffeln und Haloumi belegen. Für das Dressing Chilischote, Sojasauce, Limonensaft und Zucker sorgfältig vermischen. Über den Salat geben und sofort servieren.

## Süßer Fenchelsalat mit Granatäpfeln

4 Fenchelknollen
Kerne von 1 Granatapfel
100 g Zuckererbsenblätter oder -keimlinge
1 gelbe Paprikaschote, in Scheiben geschnitten
150 g Ziegenkäse, in Scheiben geschnitten
*Dressing*
3 EL Granatapfelsaft
2 EL Balsamessig
grob gemahlener schwarzer Pfeffer
(Für 4 Personen)

Den Fenchel putzen und die festen äußeren Blätter entfernen, dann halbieren und in dünne Scheiben schneiden. Fenchel, Granatapfelkerne, Zuckererbsenblätter oder -keimlinge, Paprika und Ziegenkäse in einer Schüssel vorsichtig verrühren und auf Teller verteilen.
Für das Dressing Granatapfelsaft, Essig und Pfeffer vermischen und über den Salat geben.

Salat

## Tintenfischsalat mit Balsamico-Dressing und Basilikum

500 g Baby-Tintenfisch, gesäubert und halbiert
1/4 Tasse (60 ml) Balsamessig
1/4 Tasse (60 ml) trockener Weißwein
2 EL Honig
grob gemahlener schwarzer Pfeffer
1 Aubergine, in Scheiben geschnitten
1 gelbe Paprikaschote, in Scheiben geschnitten
Olivenöl
150 g Endiviensalat
1 Tasse Basilikumblätter
1 EL Öl
(Für 4 Personen)

Tintenfisch, Essig, Wein, Honig und Pfeffer in einer Schüssel vermischen und 30 Minuten in den Kühlschrank stellen. Aubergine und Paprika mit Olivenöl bestreichen und auf einem vorgeheizten Grill oder in einer Grillpfanne garen, dann beiseite stellen. Den Tintenfisch abtropfen lassen und 1 – 2 Minuten auf dem heißen Grill grillen, bis er gar ist. Den Endiviensalat und die Hälfte der Basilikumblätter auf Tellern anrichten und mit Aubergine, Paprika und Tintenfisch belegen. Das Öl in einer Pfanne bei mittlerer Temperatur erhitzen, das restliche Basilikum knusprig braten und über den Salat streuen.

## Warmer Olivensalat

2 Tassen in Salz eingelegte Oliven*
2 EL Olivenöl
4 kleine Stangen Porree, der Länge nach in Streifen geschnitten
2 EL Oregano, gehackt
1 EL Zitronensaft
2 EL Balsamessig
200 g Ricotta, gebacken
2 gelbe Paprikaschoten, gegrillt
grob gemahlener schwarzer Pfeffer
kräftiges Brot
(Für 4 Personen)

Die Oliven 30 Minuten in einer Schüssel mit Wasser einweichen, dann abgießen. Das Olivenöl in einer Pfanne stark erhitzen und den Porree dünsten, bis er gut gebräunt und gar ist. Oliven, Oregano, Zitronensaft und Balsamessig hinzugeben und 3 Minuten sautieren.
Die sautierten Oliven auf Tellern anrichten und mit einem Stück gebackenen Ricotta, Paprika, grob gemahlenem schwarzem Pfeffer und knusprigem Brot servieren.

## Feigensalat mit gegrillten Hühnerbruststreifen

2 Hühnerbrustfilets
1 Aubergine, in Scheiben geschnitten
Olivenöl
8 Radicchioblätter
6 Feigen, halbiert
*Dressing*
1/3 Tasse (80 ml) Zitronensaft
2 EL Honig
2 EL Majoranblätter
grob gemahlener schwarzer Pfeffer
(Für 4 Personen)

Hühnerbrustfilets und Aubergine mit Olivenöl bestreichen und 2 Minuten von jeder Seite auf dem vorgeheizten Grill oder in einer Grillpfanne grillen, bis das Fleisch gar ist. Anschließend beiseite stellen.
Die Hühnerbrustfilets in Streifen schneiden und zusammen mit den Radicchioblätter auf Tellern anrichten. Den Salat mit Auberginen und Feigen garnieren.
Für das Dressing Zitronensaft, Honig, Majoran und Pfeffer 2 Minuten in einem Topf bei schwacher Hitze erwärmen. Das Dressing über den Salat geben und servieren.

## Spinatsalat mit Prosciutto

12 Scheiben Prosciutto
6 Flaschentomaten*, halbiert
Olivenöl
grob gemahlener schwarzer Pfeffer
200 g junge Spinatblätter
200 g frischer grüner Spargel, blanchiert*
1/2 Tasse gehobelter Parmesan
*Dressing*
2 EL Olivenöl
2 EL Zitronensaft
1/4 Tasse Basilikumblätter, in Streifen geschnitten
2 TL brauner Zucker
(Für 4 Personen)

Tomaten mit der Schnittfläche nach oben und Prosciutto auf ein Backblech legen, mit Olivenöl und Pfeffer besprenkeln und 25 Minuten bei 180 °C backen, bis der Prosciutto knusprig und die Tomaten zart sind.
Spinat und Spargel mit Tomaten, Prosciutto und Parmesan auf Teller verteilen.
Für das Dressing Olivenöl, Zitronensaft, Basilikum und Zucker vermischen und über den Salat geben.

Spinatsalat mit Prosciutto

Salat

Kürbis-Couscous-Salat

Oliven-Grapefruit-Salat

Asiatischer Thunfischsalat

Raukesalat mit Blauschimmelkäse und gebratener Birne

## Kürbis-Couscous-Salat

500 g Kürbis, in Scheiben geschnitten
Olivenöl
Meersalz
1 Tasse Couscous
1 1/4 Tassen (310 ml) kochendes Wasser oder Gemüsefond
2 EL Butter
125 g grüne Bohnen, geputzt
1/3 Tasse Minzblätter
*Dressing*
1/2 Tasse (120 ml) Joghurt
2 TL Kreuzkümmel, gemahlen
2 EL Minze, gehackt
1 EL Honig
(Für 4 Personen)

Den Kürbis auf einem Backblech mit etwas Olivenöl und Meersalz beträufeln und im vorgeheizten Backofen bei 200 °C etwa 30 Minuten garen, bis er goldbraun und gar ist. Anschließend beiseite stellen.
Den Couscous in einer Schüssel mit kochendem Wasser oder Fond übergießen. Die Butter hinzufügen und 5 Minuten stehen lassen, bis die Flüssigkeit aufgenommen ist.
Die Bohnen in kochendem Wasser blanchieren*, abgießen und abkühlen lassen. Couscous, Kürbis, Bohnen und Minze in einer Schüssel vermischen. Für das Dressing Joghurt, Kreuzkümmel, Minze und Honig verrühren. Den Salat zum Servieren auf Teller verteilen und das Dressing darübergeben.

## Asiatischer Thunfischsalat

350 g Thunfischsteak
3 EL Sojasauce
1 TL Wasabipaste*
1 EL Sake* oder trockener Weißwein
1 Bund Mizuna-Salat*, geputzt
150 g gelbe Tomaten, halbiert
1 Gurke, in Scheiben geschnitten
*Dressing*
2 EL Sojasauce (zusätzlich)
1 EL Limonensaft
2 TL brauner Zucker
2 TL Sesamöl
(Für 4 Personen)

Den Thunfisch in Stücke schneiden, mit Sojasauce, Wasabipaste und Sake vermischen und 10 Minuten marinieren. Mizuna-Salat, Tomaten und Gurkenscheiben auf die Teller verteilen. Für das Dressing Sojasauce, Limonensaft, Zucker und Öl vermischen.
Eine beschichtete Pfanne stark erhitzen und die Thunfischstücke von jeder Seite 5 Sekunden anbraten. Auf den Salat geben und mit dem Dressing beträufeln.

## Oliven-Grapefruit-Salat

250 g grüne Oliven
2 rosa Grapefruit, in Spalten geschnitten
3 EL glatte Petersilienblätter
2 Tassen Brunnenkresse
1/2 Tasse geröstete Haselnüsse
1 Avocado, kleingeschnitten
1 EL Granatapfelmelasse*
2 EL Olivenöl
grob gemahlener schwarzer Pfeffer
(Für 4 Personen)

Die Oliven zwischen zwei Küchentücher legen und mit einem Fleischklopfer oder einer Teigrolle daraufschlagen, um den Stein zu lösen. Die Steine entfernen und wegwerfen.
Oliven, Grapefruit, Petersilie, Brunnenkresse, Haselnüsse und Avocado auf Tellern anrichten.
Melasse, Öl und Pfeffer vermischen und über den Salat geben. Den Salat vor dem Servieren 30 Minuten ruhen lassen.

## Raukesalat mit Blauschimmelkäse und gebratener Birne

8 lange, dünne Scheiben Brot
Olivenöl
1/3 Tasse geriebener Parmesan
2 EL Butter
1 EL brauner Zucker
1/2 TL grob gemahlener schwarzer Pfeffer
1 EL Korianderblätter
2 Birnen, geschält und in Scheiben geschnitten
200 g Raukeblätter
1 Salatgurke, in Scheiben geschnitten
1 rote Zwiebel, in Scheiben geschnitten
200 g weicher Blauschimmelkäse
grob gemahlener schwarzer Pfeffer
(Für 4 Personen)

Das Brot mit etwas Olivenöl bestreichen, mit Parmesan bestreuen und auf einem Blech im vorgeheizten Backofen bei 180 °C etwa 15 Minuten backen, bis es goldbraun und knusprig ist. Zum Abkühlen beiseite stellen.
Die Butter in einer Pfanne bei mittlerer Temperatur zerlassen und braunen Zucker, Pfeffer und Koriander 1 Minute rösten. Die Birnen in die Pfanne geben und 2 Minuten von jeder Seite braten, bis sie goldbraun sind.
Brot, Rauke, Gurkenscheiben, Zwiebel und Blauschimmelkäse auf Tellern anrichten.
Mit den Birnen garnieren und mit der Bratflüssigkeit übergießen; dann mit grob gemahlenem schwarzen Pfeffer bestreuen und servieren, solange das Brot noch knusprig ist.

# Fleisch

# Grundlagen

Bei der Fleischzubereitung unterscheidet man hauptsächlich zwischen zwei Garmethoden: mit trockener Hitze, wozu das Grillen und das Rührbraten gehört, und mit feuchter Hitze, wozu das Schmoren und das Garen in Tontöpfen zählt. Das Zubereiten mit trockener Hitze erfordert zartes Fleisch, während das Garen mit feuchter Hitze mit festerem Fleisch zu besseren Ergebnissen führt, da es über einen längeren Zeitraum gegart wird.

## Auswahl

Das Fleisch sollte eine feuchte, rote Oberfläche haben und das Fett sollte von cremig weißer Farbe sein. Achten Sie auf gleichmäßig geschnittenes Fleisch ohne Sehnen und überschüssiges Fett.

## Lagerung

Fleisch lagert man am besten locker eingepackt im kältesten Bereich des Kühlschranks. Die Luft sollte zirkulieren können, verpacktes Fleisch beginnt zu »schwitzen«. Es empfiehlt sich, das Fleisch innerhalb von 2 – 3 Tagen nach dem Kauf entweder zu verarbeiten oder einzufrieren. Packen Sie das Fleisch zum Einfrieren sorgfältig in Gefrierbeuteln ein. Stapeln Sie die einzelnen Fleischstücke nicht übereinander, sondern lagern Sie sie so flach wie möglich, damit das Fleisch schnell einfriert und nicht beschädigt wird. Vor dem Garen sollte das Fleisch auf einem Tablett vollständig im Kühlschrank aufgetaut werden.

## Braten

Diese heiße, schnelle Gartechnik erfordert zartes Fleisch. Die Pfanne sollte einige Minuten bei mittlerer Temperatur erhitzt werden. Damit das Öl während des Bratens nicht aus der Pfanne spritzt, sollte man nur das Fleisch mit Öl bestreichen und nicht die Pfanne.
GEEIGNETES FLEISCH:
Rind: Hüfte, Filet, Porterhouse-Steak, T-Bone-Steak, marinierte Schulter.
Lamm: Beinscheibe ohne Knochen, Koteletts, Lendenstück, Keule, Filet.
Schwein: Filet, Steak, Schnitzel, Kotelett.

## Schmortöpfe / Currys

Für diese langsame Garmethode in Flüssigkeit eignen sich festere Fleischarten, die durch langes Garen zart werden. Die Garflüssigkeit sollte köcheln, aber nicht kochen.
GEEIGNETES FLEISCH:
Rind: Schulter, Rücken, Kalbshachse
Lamm: Schulter, Filet.
Schwein: Vorderviertel.

## Rührbraten

Eine sehr schnelle, heiße Garmethode für kleine zarte Fleischstücke oder marinierte Fleischstreifen. Das Fleisch muß vor dem Braten abtropfen, und die Pfanne oder der Wok sollten gut erhitzt sein. Schneiden Sie das Fleisch in gleichgroße Stücke, damit es gleichmäßig gart.
GEEIGNETES FLEISCH:
Rind: Hüfte, Oberschale, marinierte Keule.
Lamm: Filet, Lendenstück.
Schwein: Filet, Streifen von Bein oder Nacken.

## Grillen

Eine heiße, schnelle Garmethode für zartes oder mariniertes Fleisch. Den Elektro- oder Holzkohlegrill gut vorheizen – die Holzkohle darf jedoch keine Flammen mehr schlagen, sondern sollte rotglühend sein.
Mariniertes Fleisch vor dem Grillen abtropfen lassen und nur das Gargut – und nicht den Grill – mit Öl einpinseln, um Rauchentwicklung und Fettspritzer zu vermeiden. Statt des Holzkohlegrills können Sie auch eine Grillpfanne verwenden.
GEEIGNETES FLEISCH:
Rind: Hüfte, marinierte Oberschale, Lende, T-Bone-Steak, Porterhouse-Steak, Filet, marinierte Keule, marinierte Rippe.
Lamm: Filet, Lende, Kotelett, marinierte Keule, Keule.
Schwein: Filet, Kotelett, mariniertes Hüftsteak, Steak, marinierte Rippe.

## Backen

Mit dieser Methode läßt sich zartes Fleisch schnell bei großer Hitze und festeres Fleisch langsam bei geringerer Temperatur zubereiten. Am besten legt man das Fleisch auf einen Gitterrost und stellt das Gitter in eine mit Wasser oder Fond gefüllte Fettpfanne, damit das Fleisch nicht austrocknet.
GEEIGNETES FLEISCH:
Rind: Oberschale, Lendenstück, Filet, Braten, Rollbraten.
Lamm: Keule mit und ohne Knochen, Schulter, Kotelett, Lende, Hüfte.
Schwein: Keule, Schulter, Lende, Kotelett, Filet, Rollbraten.

Braten- oder Auflaufform und Backofengitter

Zitronenthymian

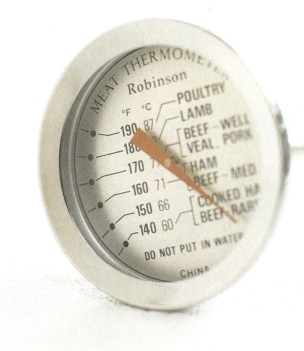

Fleischthermometer

Gabeln

Salbei

Fleisch

## Das perfekte Steak

4 dicke Rumpsteaks
Öl
grob gemahlener schwarzer Pfeffer

**SCHRITT EINS**
Eine Pfanne 5 Minuten bei mittlerer Temperatur erhitzen. Die Steaks mit etwas Öl bestreichen und mit grob gemahlenem Pfeffer bestreuen.

**SCHRITT ZWEI**
Die Steaks in die Pfanne geben und nicht wenden, bis sich die Poren geschlossen haben.

**SCHRITT DREI**
Die Steaks braten, bis der Saft auf der ungebratenen Seite austritt (nach etwa 1 1/2 Minuten). Die Steaks wenden und 1 Minute (medium oder rosa) oder 2 weitere Minuten (durchgebraten) braten.

**SCHRITT VIER**
Die Steaks mit einer Fleischzange drücken, um zu überprüfen, ob sie gar sind. Je weniger sie sich eindrücken lassen, desto besser durchgebraten ist das Fleisch. Die Steaks nicht anschneiden, da sie sonst Saft verlieren und austrocknen.

## Variationen

**CHILISTEAK**
Die Steaks nach dem Einölen mit getrockneten, zerdrückten Chilischoten bestreuen.

**SENFSTEAK**
Die Steaks mit grobkörnigem Senf einstreichen, einölen und dann braten.

**PFEFFERSTEAK**
Nach dem Einölen gehackte grüne Pfefferkörner in das Fleisch drücken.

**PESTOSTEAK**
Die gebratene Seite der Steaks nach dem Wenden mit Pesto bestreichen.

Das perfekte Steak mit Pommes Frites

## Kalbshachse in Wein und Zitrone

8 je 4 cm dicke Scheiben Kalbshachse, in Mehl gewälzt
2 EL Olivenöl
2 Zwiebeln, in Scheiben geschnitten
6 Knoblauchzehen, abgezogen
2 Tassen (500 ml) trockener Weißwein
2 Tassen (500 ml) Hühnerfond
Schale von 1/2 Zitrone, in Streifen geschnitten
4 Lorbeerblätter
1 EL Thymian, gehackt
2 kleine Fenchelknollen, halbiert   (Für 4 Personen)

Das Öl in einer Pfanne stark erhitzen und das Kalbfleisch gut anbräunen. Den Boden einer großen Auflaufform mit dem Fleisch auslegen, Zwiebeln und Knoblauch in der Pfanne dünsten, bis sie goldbraun sind, und zum Fleisch geben. Wein, Fond, Zitronenschale, Lorbeerblätter und Thymian in die Form geben, abgedeckt 1 1/2 Stunden bei 180 °C schmoren. Fenchel hinzufügen und weitere 45 Minuten backen. Das Kalbfleisch mit Fenchel und Bratensaft auf tiefe Teller verteilen und mit Olivenöl beträufeltem Kartoffelpüree servieren.

## Thailändischer Rindfleischsalat

450 g Rumpsteak
3 EL Sojasauce
2 Knoblauchzehen, zerdrückt
2 EL Limonensaft
150 g gemischte Salatblätter
1/3 Tasse Minzblätter
1/3 Tasse Basilikumblätter
1/4 Tasse Korianderblätter
1 Gurke, in Scheiben geschnitten
*Dressing*
2 rote Chilischoten, gehackt
3 EL Sojasauce (zusätzlich)
2 EL Limonensaft (zusätzlich)
2 TL Palmzucker*
2 Kaffir-Limonenblätter*, fein gehackt
(Für 4 Personen)

Steak, Sojasauce, Knoblauch und Limonensaft in eine Schüssel geben und 10 Minuten marinieren. Das Steak nach Wunsch 1 – 2 Minuten von jeder Seite auf dem vorgeheizten Grill garen, abdecken und beiseite stellen. Salatblätter, Minze, Basilikum, Koriander und Gurkenscheiben auf Teller verteilen, das Fleisch in dünne Scheiben schneiden und auf den Salat geben.
Für das Dressing Chilischoten, Sojasauce, Limonensaft, Palmzucker und Limonenblätter vermischen, über den Salat geben und servieren.

## Marokkanisches Rindfleisch mit gedämpftem Couscous

1 EL Öl
2 Zwiebeln, gehackt
3 Knoblauchzehen, zerdrückt
500 g Schulter- oder Kammstück vom Rind, in Würfel geschnitten
3 Tomaten, abgezogen und kleingeschnitten
1/3 Tasse (80 ml) Zitronensaft
1 Zimtstange
2 TL Korianderpulver
4 Tassen (1 l) Rinderfond
1 EL Oreganoblätter
2 Tassen Couscous
2 Tassen (500 ml) kochendes Wasser
1 EL Butter
(Für 4 Personen)

Das Öl in einem Topf bei mittlerer Temperatur erhitzen und Zwiebeln und Knoblauch 4 Minuten dünsten, bis sie goldbraun sind. Das Fleisch in den Topf geben und 5 Minuten anbraten, bis sich die Poren geschlossen haben. Tomaten, Zitronensaft, Zimt, Koriander, Fond und Oregano hinzugeben und 45 Minuten köcheln lassen.
Couscous, Wasser und Butter in eine Schüssel geben und 2 Minuten stehen lassen. Den Couscous in einen mit einem Mulltuch ausgelegten Dämpfeinsatz geben. Den Einsatz auf den Topf mit dem köchelnden Rindfleisch stellen und 10 Minuten dämpfen. Zum Servieren den Couscous mit dem Fleisch auf tiefe Teller verteilen.

## Rindfleisch mit Tamarinden und Zitronengras

1 EL Öl
2 Stengel Zitronengras*, gehackt
6 Schalotten, gehackt
2 grüne Chilischoten, gehackt
500 g magere Rindfleischstreifen
3 EL Tamarindenkonzentrat*
2 EL Limonensaft
2 TL Fischsauce*
2 TL brauner oder Palmzucker*
1 Tasse grüne Papaya, in Streifen geschnitten
(Für 4 Personen)

Das Öl in einem Wok oder einer Pfanne stark erhitzen und Zitronengras, Schalotten und Chilischoten 3 Minuten unter ständigem Rühren dünsten. Das Rindfleisch in den Wok geben und weitere 5 Minuten rührbraten, bis das Fleisch gut gebräunt ist.
Tamarindenkonzentrat, Limonensaft, Fischsauce, Zucker und Papaya in den Wok geben und weitere 4 Minuten rührbraten, bis alle Zutaten vollständig erhitzt sind. Mit Kokosreis servieren.

Kalbshachse in Wein und Zitrone

Marokkanisches Rindfleisch mit gedämpftem Couscous

Thailändischer Rindfleischsalat

Rindfleisch mit Tamarinden und Zitronengras

Fleisch

Rindfleisch mit Essigreis

Kokosfleisch im Wok

Sautiertes Rindfleisch mit Parmesan und Rauke

Fleisch

Steaks mit Pilzen in Rotweinsauce

## Rindfleisch mit Essigreis

400 g Rinderfilet
3 EL Sojasauce
1/2 Tasse (120 ml) Pflaumenwein oder Dessertwein
1 EL geriebener Ingwer
1 Tasse Rundkornreis
1 1/2 Tassen (375 ml) Wasser
3 EL Reisessig, gewürzt
1 EL Öl
150 g Austernpilze
4 kleine Platten Nori-Algen*, geröstet
4 Schalotten, in Scheiben geschnitten
(Für 4 Personen)

Das Rinderfilet mit Sojasauce, Pflaumenwein und Ingwer in eine Schüssel geben und 30 Minuten marinieren lassen. Inzwischen den Reis unter fließendem Wasser abspülen, zusammen mit dem Wasser in einen Topf geben und bei mittlerer Hitze kochen, bis das Wasser fast völlig aufgenommen ist. Den Topf vom Herd nehmen, abdecken und 5 Minuten beiseite stellen. Dann den Reis in eine Schüssel geben, mit einem Holzlöffel den Essig durchrühren und warmhalten.
Das Öl in einer Pfanne bei mittlerer Hitze erwärmen. Das Fleisch abtropfen lassen und die Marinade beiseite stellen. Nun das Rindfleisch in der Pfanne 1 Minute von jeder Seite anbraten, herausnehmen und abdecken. Die Marinade in die Pfanne gießen, die Pilze hinzugeben und köcheln lassen, bis die Marinade eingedickt ist und die Pilze gar sind.
Die Nori-Platten auf vier Teller verteilen und den Reis und die Schalotten darübergeben. Das Rindfleisch in dünne Scheiben schneiden und auf den Reis legen; anschließend die Pilze und die reduzierte Marinade darübergeben.

## Kokosfleisch im Wok

1 EL Öl
1 Stengel Zitronengras*, zerdrückt
4 Stücke Galgantwurzel*
2 rote Chilischoten, in Scheiben geschnitten
3 Korianderwurzeln
500 g Rindfleisch, in Streifen geschnitten
8 Kaffir-Limonenblätter*, gehackt
1 Tasse (250 ml) Kokoscreme
2 TL Fischsauce*
2 TL brauner oder Palmzucker*
1/2 Tasse thailändisches Basilikum*    (Für 4 Personen)

Das Öl im Wok bei mittlerer Hitze erhitzen. Zitronengras, Galgantwurzel, Chilischoten und Korianderwurzeln in den Wok geben und 1 Minute garen. Dann das Fleisch hinzufügen und 4 Minuten unter Rühren anbraten, bis es gut gebräunt ist. Limonenblätter, Kokoscreme, Fischsauce und Zucker darübergeben und im Wok 2 Minuten kochen lassen. Die Basilikumblätter unterrühren und das Ganze auf gedämpftem Reis servieren.

## Sautiertes Rindfleisch mit Parmesan und Rauke

1 EL Olivenöl
2 rote Zwiebeln, in dicke Scheiben geschnitten
500 g Rumpsteak
grob gemahlener schwarzer Pfeffer
150 g Rauke, geputzt
1/2 Tasse geriebener Parmesan
3 EL glatte Petersilie
2 EL Balsamessig
2 EL Olivenöl (zusätzlich)    (Für 4 Personen)

Das Olivenöl in einer Pfanne bei mittlerer Hitze erhitzen. Die Zwiebeln hinzugeben, 5 Minuten von jeder Seite bräunen, und beiseite stellen. Das Rindfleisch in 8 Steaks von etwa 1 cm Dicke schneiden und mit Pfeffer bestreuen. Dann die Temperatur der Pfanne erhöhen, die Steaks hineinlegen und 1/2 – 1 Minute von jeder Seite anbraten.
Die Rauke mit Parmesan, Petersilie, Balsamessig und Olivenöl in einer Schüssel verrühren. Je 1 Steak auf einen vorgewärmten Teller legen, ein Achtel der Raukemischung darübergeben; anschließend ein weiteres Steak darauflegen, ein Achtel der Raukemischung darübergeben und mit den angebratenen Zwiebeln krönen.

## Steaks mit Pilzen in Rotweinsauce

1 EL Öl
4 dicke Rump- oder Filetsteaks
1 EL Butter
4 Schalotten, gehackt
2 Knoblauchzehen, zerdrückt
100 g Shiitakepilze*
100 g kleine Champignons
1 Tasse (250 ml) Rinderfond
1 Tasse (250 ml) Rotwein
1 EL Thymianblätter
grob gemahlener schwarzer Pfeffer
Kartoffelpüree (als Beilage)
(Für 4 Personen)

Das Öl in einer Pfanne bei mittlerer Hitze erhitzen, die Steaks in der Pfanne von jeder Seite etwa 3 Minuten anbraten. In der Zwischenzeit Butter in einer Pfanne bei mittlerer Hitze zerlassen, Schalotten und Knoblauchzehen dazugeben und 1 Minuten garen lassen. Dann die Pilze in die Pfanne geben und 1 Minute in der heißen Butter durchrühren. Rinderfond, Wein, Thymian und Pfeffer hinzufügen und das Ganze köcheln lassen, bis die Pilze gar sind und die Sauce auf die Hälfte reduziert ist.
Das Kartoffelpüree auf Teller verteilen, je 1 Steak darauflegen, Pilze und Sauce darübergeben und sofort servieren.

Fleisch

## Lammkeule mit Rosmarin und Knoblauch

1,5 kg Lammkeule
4 Knoblauchzehen, in Scheiben geschnitten
4 Rosmarinzweige
1/4 (60 ml) Tasse Honig

1/4 Tasse Dijonsenf
1/2 (120 ml) Tasse trockener Weißwein
2 EL Minze, gehackt
(Für 4 bis 6 Personen)

**SCHRITT EINS**
Die Lammkeule an vielen Stellen kurz einschneiden und Knoblauchstücke und Rosmarinzweiglein in die Schlitze stecken.

**SCHRITT ZWEI**
Die Lammkeule auf ein Gitter in einer Bratform legen. Anschließend 1 Tasse Wasser in die Bratform gießen.

**SCHRITT DREI**
Die Lammkeule im vorgeheizten Backofen bei 200 °C 40 Minuten braten. Honig und Senf verrühren, die Keule damit bestreichen und weitere 10 Minuten braten. Dann die Keule aus der Bratform nehmen, abdecken und beiseite stellen.

**SCHRITT VIER**
Die Bratform bei mittlerer Hitze erhitzen, Wein und Minze hinzufügen und umrühren, bis die Sauce kocht. Anschließend das Lamm in Scheiben schneiden und mit der Minzsauce und gebratenem Gemüse servieren.

## Variationen

**INGWERGLASUR**
Statt Honig 1/3 Tasse Ingwermarmelade verwenden.

**ORANGENGLASUR**
Statt Honig 1/3 Tasse Orangenmarmelade verwenden.

**THYMIAN-LAMM**
Statt Rosmarin 6 Zweige frischen Zitronenthymian verwenden.

**OREGANO-LAMM**
Statt Rosmarin 6 Zweige frischen Oregano verwenden.

Lammkeule mit Rosmarin und Knoblauch

Fleisch

## Gebratenes Lammfilet mit Harissa

1 EL Harissa* oder Chilipaste
2 EL Zitronensaft
2 EL Minze, gehackt
350 g Lammfilets, Fett entfernt
2 Auberginen
2 Knoblauchzehen, zerdrückt
1/3 Tasse (80 ml) Olivenöl
1/2 Tasse (120 ml) Joghurt
2 EL Tahini
3 EL Zitronensaft (zusätzlich)
4 Scheiben türkisches Brot
150 g Rauke
(Für 4 Personen)

Harissa, Zitronensaft, Minze und Lammfleisch in eine Schüssel geben und das Lamm etwa 20 Minuten marinieren lassen. Die Auberginen in eine Auflaufform legen und im vorgeheizten Backofen bei 220 °C etwa 25 Minuten braten, bis die Haut verbrannt ist. Dann die Haut abziehen, Auberginenfleisch, Knoblauch, Öl, Joghurt, Tahini und den zusätzlichen Zitronensaft in einen Mixer geben und glatt pürieren. Die Lammfilets auf einem vorgeheizten Elektro- oder Holzkohlegrill etwa 1 – 2 Minuten grillen.
Das türkisches Brot auf die Teller verteilen, mit Raukeblättern bestreuen und die Lammfilets drauflegen. Mit dem Auberginenpüree servieren.

## Geschmorte Lammhaxe

6 – 8 Lammhaxen, Fett entfernt
3 Tassen (750 ml) Rinderfond
1 Tasse (250 ml) Rotwein
6 Lorbeerblätter
4 Knoblauchzehen, geschält
8 Perlzwiebeln, geschält
2 Rosmarinzweige
3 Majoranzweige
1 EL Pfefferkörner
(Für 4 bis 6 Personen)

Eine Pfanne stark erhitzen. Die Lammhaxen in die Pfanne legen und von jeder Seite 2 Minuten kräftig bräunen.
Die Lammhaxen in eine Bratform legen und Rinderfond, Wein, Lorbeerblätter, Knoblauch, Zwiebeln, Rosmarin, Majoran und Pfefferkörner hinzugeben. Dann die Form abdecken und bei 160 °C etwa 2 Stunden im Backofen schmoren, bis das Fleisch sehr zart ist.
Die Lammhaxen in tiefen Tellern mit weicher Polenta oder einem Kartoffel-Knoblauchpüree servieren.

## Weiche Polenta mit Wein-Lamm

4 Tassen (1 l) heißes Wasser
1 1/4 Tassen Polenta
Meersalz und Pfeffer
65 g Butter
1/2 Tasse geriebener Parmesan
1/2 Tasse Mascarpone
grob gemahlener schwarzer Pfeffer
8 Lammkoteletts
1/2 Tasse (120 ml) Rotwein
1/2 Tasse (120 ml) Rinderfond
2 EL Quittenpüree
(Für 4 Personen)

Das Wasser in einem Topf mit schwerem Boden zum Kochen bringen. Dann die Polenta unter ständigem Rühren nach und nach dazugeben und die Hitze soweit wie möglich reduzieren. Die Polenta unter gelegentlichem Rühren mit einem Holzlöffel etwa 40 – 45 Minuten auf dem Herd lassen. Die Polenta ist gar, wenn sie sich vom Rand des Topfes löst. Nun Salz, Pfeffer, Butter, Parmesan, Mascarpone und Pfeffer unter die Polenta rühren und das Ganze warmhalten.
Eine Pfanne stark erhitzen, die Koteletts hineinlegen und von jeder Seite 2 Minuten anbraten, bis das Fleisch außen fest und innen rosa ist. Die Koteletts aus der Pfanne nehmen und warmhalten. Wein, Rinderfond und Quittenpüree in die Pfanne geben und diese Sauce 5 Minuten köcheln lassen, bis sie andickt.
Die Polenta auf Teller verteilen, die Lammkoteletts drauflegen und das Ganze mit Sauce übergießen.

## Gegrillte doppelte Lammkoteletts

8 kleine Pastinaken, geschält und in Scheiben geschnitten
6 kleine Möhren, geschält und in Scheiben geschnitten
Olivenöl
8 doppelte Lammkoteletts
1/2 Tasse geriebener Parmesan
2 EL grobkörniger Senf
2 EL Basilikum, gehackt
grob gemahlener schwarzer Pfeffer    (Für 4 Personen)

Pastinaken und Möhren auf ein Backblech legen, mit Olivenöl beträufeln und bei 200 °C 30 Minuten backen.
Eine große Pfanne bei mittlerer Hitze vorheizen, dann die Lammkoteletts hineinlegen, von jeder Seite 1 Minute bräunen und danach aus der Pfanne nehmen.
Parmesan, Senf, Basilikum und Pfeffer in einer Schüssel verrühren und die Lammkoteletts damit bestreichen. Nun die Koteletts auf ein Backblech legen und bei 150 °C etwa 20 Minuten grillen.
Zum Schluß Pastinaken und Möhren auf Teller verteilen, die Lammkoteletts drauflegen und servieren.

Gebratenes Lammfilet mit Harissa

Weiche Polenta mit Wein-Lamm

Geschmorte Lammhaxe

Gegrillte doppelte Lammkoteletts

Fleisch

Geschmortes Lammfleisch mit eingelegter Zitrone     Gegrilltes Lamm mit Pastinaken-Streifen

## Geschmortes Lammfleisch mit eingelegter Zitrone

1 EL Öl
2 Knoblauchzehen, zerdrückt
1 TL Kreuzkümmelkörner
6 Frühlingszwiebeln, halbiert
500 g Lammfleisch, gewürfelt
2 EL eingelegte Zitrone, gehackt
1/3 Tasse Minze, gehackt
4 Lorbeerblätter
1 Zimtstange
3 Tassen (750 ml) Rinderfond
4 kleine Auberginen, in Scheiben geschnitten
Joghurt (als Beilage)
(Für 4 Personen)

Das Öl in einem Topf bei mittlerer Hitze erhitzen, Knoblauch, Kreuzkümmel und Frühlingszwiebeln hinzufügen und 4 Minuten anbraten. Nun das Lammfleisch in den Topf legen und 5 Minuten anbraten, bis die Poren geschlossen sind. Zitrone, Minze, Lorbeerblätter, Zimtstange und Rinderfond hinzugeben, den Topf verschließen und das Ganze 40 Minuten köcheln lassen. Dann die Auberginenscheiben dazugeben und weitere 10 Minuten köcheln.
Das Lammfleisch in kleine Schalen geben und mit Joghurt und einem Tomatensalat servieren.

## Gegrilltes Lamm mit Pastinaken-Streifen

500 g Lammlende, entbeint
4 Knoblauchzehen, zerdrückt
2 EL Senfkörner
2 EL Minze, gehackt
1 EL Koriander, gehackt
1 EL Olivenöl
500 g Pastinaken, geschält
Öl zum Fritieren
Meersalz
gedämpfte Zucchini und Pak Choi* (als Beilage)
(Für 4 Personen)

Überschüssiges Fett und Sehnen der Lende entfernen. Knoblauch, Senf, Minze, Koriander und Öl verrühren, das Fleisch mit dieser Mischung bestreichen und in eine Auflaufform legen. Die Lammlende bei 200 °C etwa 10 Minuten im Backofen braten.
Wenn das Fleisch gar ist, die Pastinaken in lange, dünne Streifen schneiden. Die Streifen in heißem Fett goldbraun und knusprig fritieren, auf saugfähigem Küchenpapier abtropfen lassen und mit Meersalz bestreuen.
Die gedämpften Zucchini und den Pak Choi auf vier Teller verteilen, die Lammlende in dicke Scheiben schneiden, auf das Gemüse legen und mit Pastinaken-Streifen servieren.

## Gegrilltes Schweinefleisch mit Apfelfüllung

1,5 kg Schweinelende, entbeint
1 Zitrone, halbiert
Salz
1 EL Butter
1 EL Öl
1 Zwiebel, gehackt

3 Äpfel, geschält, in Scheiben
2 EL Salbeiblätter
2 Tassen Semmelbrösel
1/3 Tasse (80 ml) Milch
grob gemahlener schwarzer Pfeffer
(Für 6 Personen)

**SCHRITT EINS**
Für die Füllung Butter und Öl bei mittlerer Hitze in einer Pfanne erhitzen, die Zwiebeln hinzugeben und 3 Minuten dünsten, bis sie goldbraun sind.

**SCHRITT ZWEI**
Äpfel und Salbei in die Pfanne geben und unter gelegentlichem Rühren braten, bis die Apfelscheiben goldbraun und zart sind. Die Pfanne vom Herd nehmen und Semmelbrösel, Milch und Pfeffer unter die Apfelmischung rühren.

**SCHRITT DREI**
Die Schwarte im Abstand von etwa 5 mm mehrfach einschneiden. Nun die Füllung über die Mitte der Schweinelende verteilen, das Fleisch von einer Seite aus zusammenrollen und mit Küchengarn zusammenbinden.

**SCHRITT VIER**
Die Schwarte mit Zitrone und Salz einreiben; dann das Fleisch in eine Bratform legen und im vorgeheizten Backofen bei 220 °C etwa 20 Minuten grillen. Danach die Temperatur auf 180 °C reduzieren und das Fleisch weitere 45 Minuten grillen, bis das Schweinefleisch gar ist. Vorsicht: Wenn Schweinefleisch zu lange gart, wird es trocken und zäh.

## Variationen

**BIRNENFÜLLUNG**
Statt der Äpfel 3 geschälte und in Scheiben geschnittene Birnen verwenden.

**BASILIKUMFÜLLUNG**
Statt der Salbeiblätter 3 Eßlöffel

**APRIKOSENFÜLLUNG**
Statt der Äpfel 6 frische Aprikosen oder Dosenobst verwenden.

**ROSMARINFÜLLUNG**
Statt der Salbeiblätter 2 Eßlöffel Rosmarinblätter verwenden.

Gegrilltes Schweinefleisch mit Apfelfüllung

## Rührgebratenes Schweinefleisch mit Basilikum und Pfeffer

2 EL Öl
2 Knoblauchzehen, gehackt
1 EL grob gemahlener schwarzer Pfeffer
2 rote Chilischoten, gehackt
500 g Schweinefleisch, in Streifen geschnitten
200 g grüner Spargel, geputzt und halbiert
4 Kaffir-Limonenblätter*, fein gehackt
1 Tasse thailändisches Basilikum*
2 EL Sojasauce
1 Mango oder 2 Nektarinen, gehackt
(Für 4 Personen)

Das Öl in einem Wok stark erhitzen, Knoblauch, Pfeffer und Chilischoten hinzufügen und 1 Minute anbraten. Nun das Fleisch in den Wok geben und etwa 4 Minuten unter Rühren braun anbraten. Danach Spargel, Limonenblätter, Basilikum und Sojasauce hinzufügen und das Ganze 3 Minuten unter Rühren braten; anschließend die Mango- oder Nektarinenstücke unterrühren.
Das fertige Gericht zusammen mit gedämpftem Reis als Beilage servieren.

## Schweinefilet mit Ingwer und Honig

500 g Schweinefilet
2 Knoblauchzehen, zerdrückt
2 EL Zitronensaft
1 EL Öl
2 Fenchelknollen, in Scheiben geschnitten
2 TL Öl (zusätzlich)
4 EL Ingwer, fein gehackt
4 EL Honig
1/2 Tasse (120 ml) Calvados oder Brandy
(Für 4 Personen)

Überschüssiges Fett und Sehnen vom Fleisch entfernen. Das Fleisch mit Knoblauch und Zitronensaft in eine Schüssel geben und 5 Minuten ziehen lassen. Dann das Öl in einer Pfanne bei mittlerer Hitze erhitzen, das Schweinefleisch darin von jeder Seite 2 Minuten kräftig bräunen. Den Fenchel in eine Bratform geben, das Fleisch darauflegen und die Form abdecken. Bei 180 °C etwa 15 Minuten im Backofen schmoren.
Während das Fleisch gart, das zusätzliche Öl in einem Topf bei mittlerer Hitze erhitzen, Ingwer hinzufügen und 1 Minute sautieren. Honig und Calvados dazugeben und 4 – 5 Minuten köcheln lassen, bis die Sauce um die Hälfte reduziert ist. Zum Servieren das Schweinefleisch in Scheiben schneiden und mit dem Fenchel auf Tellern anrichten; die Ingwer-Honig-Glasur darübergeben.

## Gedämpfte Teigtaschen mit Schweinefleisch

1 Portion Teigtaschenmischung*
2 TL Öl
400 g Schweinefilet, gewürfelt und in chinesischem Fünf-Gewürze-Pulver mariniert
1 TL geriebener Ingwer
2 Schalotten, gehackt
2 EL Sojasauce
1 EL Austernsauce*
1/2 Tasse (120 ml) Hühnerfond
2 TL Zucker
1 EL Maisstärke
2 EL Wasser   (Ergibt 24 Teigtaschen)

Das Öl in einem Wok stark erhitzen, Schweinefleisch, Ingwer und Schalotten dazugeben und 2 Minuten unter Rühren braten. Sojasauce, Austernsauce, Fond und Zucker unterrühren; anschließend Maisstärke und Wasser zu einer glatten Paste verrühren, in den Wok geben und durchrühren, bis die Mischung sehr dickflüssig ist. Das Ganze abkühlen lassen. Den Teig in 24 Stücke aufteilen und jedes Stück in der Handfläche flachdrücken. Nun einen Eßlöffel Füllung in die Mitte jedes Teigstücks geben und die Teigränder so zusammenpressen, daß eine Tasche entsteht. Anschließend die Taschen 10 Minuten lang gehen lassen und so in ein Bambuskörbchen* legen, daß zwischen den einzelnen Taschen genügend Platz bleibt. Das Körbchen über einen Wok mit sprudelnd kochendem Wasser stellen, dann abdecken und 12 Minuten dämpfen lassen, ohne den Deckel abzuheben. Sofort servieren.

## Schweinefleisch mit Feigen

4 Schweinekoteletts
2 EL Basilikumöl
1 EL Butter
4 frische Feigen, geviertelt
3 EL Balsamessig
1/3 Tasse (80 ml) Rinderfond
2 EL brauner Zucker
Kartoffelpüree (als Beilage)   (Für 4 Personen)

Die Schweinekoteletts mit Basilikumöl bestreichen. Eine Pfanne bei mittlerer Hitze erhitzen, die Koteletts hineinlegen und von jeder Seite 2 – 3 Minuten anbraten. Dann das Fleisch aus der Pfanne nehmen, abdecken und warmhalten.
Die Butter in der Pfanne zerlassen. Die Feigen dazugeben und 2 Minuten goldbraun anbraten, dann aus der Pfanne nehmen und beiseite stellen. Balsamessig, Fond und Zucker in die Pfanne gießen, die Mischung zum Kochen bringen und etwa 4 Minuten köcheln lassen, bis sie andickt oder reduziert ist. Die Feigen wieder in die Pfanne legen und vollständig erhitzen. Das Kartoffelpüree auf die Teller verteilen und mit den Schweinekoteletts, den Feigen und der Balsamsauce bedecken.

Rührgebratenes Schweinefleisch mit Basilikum und Pfeffer

Gedämpfte Teigtaschen mit Schweinefleisch

Schweinefilet mit Ingwer und Honig

Schweinefleisch mit Feigen

# Geflügel

# Grundlagen

### Einkauf

Bei der Auswahl von Geflügel darauf achten, daß die Haut einen hellen Cremeton aufweist und feucht schimmert. Außerdem sollte sie keine dunklen Flecken oder Verletzungen zeigen. Die Brust muß prall und die Brustbeinspitze biegsam sein. Freilandgeflügel läßt sich im allgemeinen leicht erkennen, da es eine Fettschicht über der Brust und eine dunklere oder leicht gelbliche Haut besitzt. Die Haut von Geflügel, das mit Mais gefüttert wurde, weist einen charakteristischen Gelbton auf. Im allgemeinen sollte das Fleisch frisch riechen und nicht von einem Film überzogen sein. Wenn Sie sich für ein Huhn aus der Tiefkühltruhe entscheiden, achten Sie auf eine intakte, gut versiegelte Verpackung.

### Lagerung

Frisches Geflügel sollte auf einen Teller gelegt und abgedeckt höchstens 2 Tage im Kühlschrank gelagert werden. Rohes Geflügel ist anfällig für Salmonellen, was zu einer Lebensmittelvergiftung führen kann. Daher muß man es mit besonderer Sorgfalt lagern, vorbereiten und zubereiten. Aufgetautes Geflügelfleisch sollte innerhalb von 2 Tagen verarbeitet

### Vorbereitung

Geflügel muß vor dem Braten nicht gewaschen werden: Statt dessen die Bauchhöhle mit einem feuchten Tuch auswischen und die Haut mit einem Tuch abtupfen. Tiefgefrorenes Geflügel nach dem Auftauen mit saugfähigem Küchenpapier abtupfen, um die überschüssige Flüssigkeit zu entfernen. Beim Füllen die Füllung nicht zu fest in die Bauchhöhle stopfen, damit sie im Backofen gleichmäßig garen kann.

### Tips für die Zubereitung

Geflügel sollte vollständig durchgaren. Als Garprobe das Fleisch an der dicksten Stelle mit einer Gabel einstechen. Tropft klarer Saft heraus, ist das Fleisch gar.
Die Flügel und Keulen größerer Geflügelarten können bei langem Braten austrocknen. Deshalb sollte diese Stücke vorher mit Aluminiumfolie abgedeckt werden.
Beim Schneiden von Geflügelfleisch für das Rührbraten auf gleichgroße Stücke achten, die gleichmäßig garen können.

### So bleibt Geflügel saftig

Damit das Brustfleisch von Geflügel – vor allem von Huhn und Puter – beim Braten nicht austrocknet, Butter, ein wenig Pfeffer und Kräuter nach Wahl vermischen. Vor dem Grillen die Haut vom Brustfleisch abheben und die Buttermischung unter die Haut reiben. Auf diese Weise bleibt das Brustfleisch zart und saftig.

### Einfrieren

Vor dem Einfrieren die Geflügelteile sorgfältig in Klarsichtfolie einwickeln oder fest in einem Gefrierbeutel verschließen und mit Datum und Etikett versehen. Tiefgefrorenes Geflügel sollte nicht länger als 3 Monate in der Gefriertruhe lagern und muß vor der Zubereitung im Kühlschrank – nicht bei Zimmertemperatur – langsam und vollständig aufgetaut werden.

Küchengarn

Zange

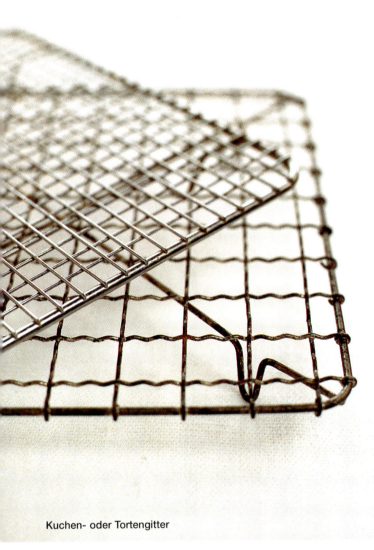
Kuchen- oder Tortengitter

Backpinsel

Lorbeerblätter

Geflügel

**SCHRITT EINS**
Das Hähnchen trockentupfen; darauf achten, daß die Bauchhöhle sauber und alles überschüssige Fett entfernt ist. Für die Füllung Zwiebel, Semmelbrösel, Petersilie, Basilikum, Pfeffer, Zitronenschale, Ei und Milch in einer Schüssel sorgfältig vermischen.

## Brathähnchen

1 Hähnchen, etwa 1,8 kg
6 Lorbeerblätter
2 Tassen (500 ml) Wasser
Öl
Meersalz
*Füllung*
1 Zwiebel, fein gehackt
2 1/2 Tassen Semmelbrösel
3 EL Petersilie, gehackt
2 EL Basilikum, gehackt
grob gemahlener schwarzer Pfeffer
2 TL geriebene Zitronenschale
1 Ei
1/2 Tasse (120 ml) Milch
*Sauce*
1/3 Tasse Mehl
2 Tassen (500 ml) heißes Wasser
(Für 4 Personen)

**SCHRITT ZWEI**
Die Füllung in die Bauchhöhle stopfen und den Vogel mit einem Zahnstocher verschließen. Die Flügel unter den Rumpf stecken und die Keulen mit Küchengarn zusammenbinden.

## Variationen

### FÜLLUNG MIT SONNEN-GETROCKNETEN TOMATEN
1/3 Tasse gehackte, sonnengetrocknete Tomaten zur Füllung hinzugeben.

### OLIVENFÜLLUNG
1/3 Tasse gehackte, entsteinte Oliven zur Füllung hinzugeben.

### TANDOORI-HÄHNCHEN
3 Eßlöffel Tandoori-Paste und 1/2 Tasse Naturjoghurt verrühren und die Mischung vor dem Grillen über das Hähnchen verteilen.

### PFEFFERHUHN
2 Eßlöffel Butter und 1 Eßlöffel grob gemahlenen schwarzen Pfeffer verrühren und das Hähnchen vor dem Grillen mit der Mischung einreiben.

**SCHRITT DREI**
Das Hähnchen auf ein mit Lorbeerblättern ausgelegtes Gitter in einer Bratform legen und 2 Tassen heißes Wasser in die Bratform gießen. Nun das Hähnchen mit etwas Öl einpinseln und mit Salz bestreuen, die Form in einen vorgeheizten Backofen schieben und bei 200 °C etwa 1 1/4 Stunde braten, bis es völlig durchgegart ist. Danach das Hähnchen herausnehmen, auf eine Warmhalteplatte legen und abdecken.

**SCHRITT VIER**
Für die Sauce das Fett mit einem Löffel vom Bratensaft abschöpfen. Dann Mehl über den Bratensaft streuen und mit einer Gabel sorgfältig durchrühren. Die Bratform auf den Herd stellen und die Mischung bei starker Hitze unter ständigem Rühren 2 Minuten kochen. Nun heißes Wasser dazugeben und sorgfältig durchrühren. Die Sauce unter ständigem Rühren kochen, bis sie andickt.

Brathähnchen

## Gebratenes Huhn mit Limonenblättern

2 TL Sesamöl
6 Schalotten, gehackt
1 EL Ingwer, fein gehackt
8 Kaffir-Limonenblätter*, fein gehackt
4 Hühnerbrustfilets, in Streifen geschnitten
2 EL Sojasauce
2 EL Mirin* oder lieblicher Weißwein
1 TL rotes Miso*
250 g junger Pak Choi*, gehackt
4 EL thailändisches Basilikum*   (Für 4 Personen)

Das Öl in einem Wok oder einer Pfanne stark erhitzen, Schalotten, Ingwer und Limonenblätter hineingeben und 1 Minute unter Rühren braten. Dann die Fleischstreifen dazugeben und weitere 3 Minuten rührbraten, bis das Hühnerfleisch gut gebräunt ist. Anschließend Sojasauce, Mirin, Miso und Pak Choi in den Wok geben und 3 Minuten unter Rühren braten, bis der Pak Choi gar ist. Das Basilikum unterrühren und das Gericht mit Reis heiß servieren.

## Kokos-Huhn-Curry

2 TL Öl, 1 Zwiebel, fein gehackt
1 EL Ingwer, fein gehackt
1 Stengel Zitronengras*, gehackt
2 – 3 EL grüne Currypaste*
6 Kaffir-Limonenblätter*, fein gehackt
4 Hühnerbrustfilets, halbiert
2 1/2 Tassen (620 ml) Kokosmilch
1/3 Tasse Basilikumblätter
1/3 Tasse Korianderblätter   (Für 4 Personen)

Das Öl in einem Topf bei mittlerer Hitze erhitzen. Dann Zwiebeln, Ingwer und Zitronengras dazugeben und etwa 4 Minuten braten, bis die Zwiebeln goldbraun und zart sind. Die Currypaste und die Limonenblätter in den Topf geben und unter Rühren 2 Minuten rösten.
Nun das Huhn und die Kokosmilch dazugeben und das Ganze 20 Minuten köcheln lassen; danach Basilikum und Koriander unterrühren. Mit gedämpftem Jasminreis servieren.

## Gewürztes Grillhähnchen

1 Hähnchen, 1,6 kg
60 g zerlassene Butter
2 EL Sojasauce
2 EL Honig
4 Zimtstangen
4 Sternanis
4 Kardamomkapseln, zerdrückt
4 Knoblauchzehen, geschält   (Für 4 Personen)

Das Hähnchen halbieren und die beiden Hälften auf je einen Bogen Backpapier legen; dann Butter, Sojasauce und Honig vermischen und die Hälften mit der Mischung bestreichen. Anschließend Zimtstangen, Sternanis, Kardamom und Knoblauch darübergeben, das Papier über den Hälften zusammenfalten und fest verschließen. Nun die Hähnchen auf ein Backblech legen und im vorgeheizten Backofen bei 200 °C 35 Minuten backen lassen, bis das Fleisch gar ist.

## Geröstete Rote Beten mit Huhn

12 junge Rote Beten, geputzt
Olivenöl und Meersalz
2 Zimtstangen
6 Kardamomkapseln
4 Hühnerbrustfilets, mit Haut
2 EL Butter
1 EL Balsamessig
2 TL Oreganoblätter
200 g rotstieliger Mangold
150 g marinierter Fetakäse   (Für 4 Personen)

Die Roten Beten in eine große Bratform legen und etwas Olivenöl und Meersalz, Zimt und Kardamom darübergeben und das Ganze bei 180 °C 40 Minuten backen.
Die Haut der Filets mit ein wenig Salz einreiben; dann die Hühnerteile mit der Haut nach unten in einer Pfanne 3 Minuten bräunen. Anschließend die Filets mit der Haut nach oben zu den Roten Beten in die Bratform legen und weitere 15 Minuten backen. Butter, Balsamessig und Oregano in einer kleinen Kasserolle vermischen und zum Kochen bringen. Hühnerfilets, Rote Beten und Mangold auf Tellern anrichten und Fetakäse darüberstreuen. Zum Schluß die Buttermischung über den Mangold löffeln und servieren.

## Burritos mit Chili und Huhn

4 Tortillas*
grüner Salat
2 Hühnerbrustfilets, gebraten und fein gehackt
6 rote Chilischoten, gehackt
1/2 Tasse Zucker
1/4 Tasse (60 ml) Wasser
2 EL Limonensaft
1 TL Kreuzkümmelkörner
2 Tomaten, gehackt   (Für 4 Personen)

Tortillas mit grünem Salat und Huhn belegen. Chilischoten, Zucker, Wasser, Limonensaft und Kreuzkümmel in einen Topf geben und bei mittlerer Hitze unter Rühren kochen, bis sich der Zucker aufgelöst hat. Weitere 4 Minuten kochen, Tomaten hinzugeben und dije Mischung kochen lassen, bis sie andickt. Die Chilisauce über das Huhn löffeln, jede Tortilla zusammenrollen und in einer Serviette einwickeln.

Gebratenes Huhn mit Limonenblättern

Gewürztes Grillhähnchen

Kokos-Huhn-Curry

Geröstete Rote Beten mit Huhn

Geflügel

Burritos mit Chili und Huhn

Chinesische Ente und Stangenbohnen im Wok

Hühnerbrustfilets mit Pesto-Kruste und Rosmarinkartoffeln

Wachteln mit grünen Chilischoten und Limonen

Geflügel

## Chinesische Ente und Stangenbohnen im Wok

1 Ente, in chinesischem Fünf-Gewürze-Pulver mariniert
2 TL Sesamöl
4 Schalotten, gehackt
1 EL Ingwer, fein gehackt
1 Zimtstange
1 EL geriebene Orangenschale
200 g Stangenbohnen, der Länge nach halbiert
3 EL lieblicher Weißwein
2 EL helle Sojasauce
(Für 4 Personen)

Die Ente in mundgerechte Stücke schneiden. Das Öl im Wok stark erhitzen.
Schalotten, Ingwer und Zimtstange in den Wok geben und 3 Minuten unter Rühren anbraten. Dann Orangenschale, Bohnen, Entenfleisch, Wein und Sojasauce dazugeben und 5 Minuten unter Rühren braten, bis alle Zutaten völlig durchgegart sind. Das Gericht in Schalen zu gedämpftem Jasminreis servieren.

## Hühnerbrustfilets mit Pesto-Kruste und Rosmarinkartoffeln

4 Kartoffeln, in dünne Scheiben geschnitten
2 EL Rosmarinnadeln
Olivenöl
4 Hühnerbrustfilets
grob gemahlener schwarzer Pfeffer
*Pesto*
1 gehäufte Tasse Basilikumblätter
2 Knoblauchzehen
1/3 Tasse (80 ml) Olivenöl
1/3 Tasse geriebener Parmesan
1/4 Tasse Pinienkerne
(Für 4 Personen)

Die Kartoffelscheiben in vier Kreisen auf einem Backblech auslegen, mit Rosmarin und Olivenöl besprenkeln und im vorgeheizten Backofen bei 200 °C etwa 35 Minuten backen, bis die Scheiben goldbraun und zart sind. Für das Pesto Basilikum, Knoblauch, Öl, Parmesan und Pinienkerne im Mixer zu einer feinen Paste pürieren. Dann die Hühnerfilets auf ein Backblech legen und die Oberseiten mit Pesto bestreichen. Nun die Filets im vorgeheizten Backofen bei 170 °C etwa 15 – 20 Minuten braten, bis das Fleisch gegart ist.
Die Kartoffelkreise auf vier Teller verteilen, die Hühnerfilets mit Pesto-Kruste daraufleggen und mit grob gemahlenem schwarzen Pfeffer bestreuen. Mit einem Chicoreesalat servieren.

## Wachteln mit grünen Chilischoten und Limonen

4 Wachteln, halbiert
2 grüne Chilischoten, gehackt
3 EL Limonensaft
2 EL Honig
1/2 Tasse (120 ml) trockener Weißwein
2 EL Kokos- oder Apfelessig
2 Korianderwurzeln
1 Stengel Zitronengras*, zerdrückt
450 g Süßkartoffeln, geschält
Öl zum Fritieren
Meersalz
(Für 4 Personen)

Die Wachteln in eine flache Schüssel legen. Chilischoten, Limonensaft, Honig, Wein, Essig, Koriander und Zitronengras verrühren. Diese Gewürzmischung über die Wachteln gießen und 30 Minuten marinieren. Anschließend die Wachteln mit der Marinade in eine Auflaufform geben, abdecken und im Backofen bei 180 °C etwa 30 Minuten schmoren, bis sie vollständig gar sind.
In der Zwischenzeit die Süßkartoffeln in lange, dünne Streifen schneiden; die Streifen in heißem Öl fritieren und auf saugfähigem Küchenpapier abtropfen lassen.
Die Süßkartoffelstreifen auf einen Teller geben und mit Meersalz bestreuen. Dann die Wachteln auf die Teller verteilen und mit dem Bratensaft übergießen.

## Gegrilltes Balsamhuhn mit Limonen

3 EL Balsamessig
2 Knoblauchzehen, zerdrückt
2 EL Olivenöl
grob gemahlener schwarzer Pfeffer
4 Hühnerbrustfilets
4 Limonen, halbiert
grüner Salat
Balsamessig (zusätzlich)
(Für 4 Personen)

Essig, Knoblauch, Öl und Pfeffer vermischen, über die Hühnerfilets geben und das Ganze 5 Minuten ziehen lassen. Dann das Fleisch aus der Marinade nehmen und auf einem vorgeheizten Elektro- oder Holzkohlegrill 1 – 2 Minuten von jeder Seite grillen. In der Zwischenzeit die Limonen auf den Grill legen und tief goldbraun grillen.
Nun den grünen Salat auf Tellern anrichten, die Hühnerfilets in Scheiben schneiden und auf den Salat legen. Das Ganze mit dem zusätzlichen Balsamessig besprenkeln und mit den Limonen servieren.

Gegrilltes Balsamhuhn mit Limonen

Geflügel

Gepfeffertes Tempura-Huhn mit Raukenmayonnaise

Warmer Hühnersalat

Hühnerbrustfilets mit eingelegten Zitronen

Sandwich mit Huhn, Rösttomate und Basilikum

## Gepfeffertes Tempura-Huhn mit Raukenmayonnaise

4 Hühnerbrustfilets, in Scheiben geschnitten
Öl zum Fritieren
*Tempura-Teig*
2 EL grob gemahlener schwarzer Pfeffer
1 Tasse Mehl
1 Tasse (250 ml) Mineralwasser
1 Ei
*Raukenmayonnaise*
1/2 Tasse Rauke, gehackt
1/2 Tasse Mayonnaise
1 EL Limonensaft
(Für 4 Personen)

Für den Teig Pfeffer, Mehl, Mineralwasser und Ei in einer Schüssel zu einer glatten Masse verrühren. Die Filetstreifen in den Teig tauchen und in heißem Öl etwa 2 Minuten goldbraun fritieren; danach auf saugfähigem Küchenpapier abtropfen lassen. Für die Raukenmayonnaise Rauke, Mayonnaise und Limonensaft in einem Mixer glatt pürieren. Das Tempura-Huhn auf Teller verteilen und zusammen mit kleinen Schälchen Raukenmayonnaise zu gedämpftem Gemüse servieren.

## Hühnerbrustfilets mit eingelegten Zitronen

2 Hühnerbrustfilets mit Knochen
1 EL Olivenöl
2 Zwiebeln, in Scheiben geschnitten
2 EL eingelegte Zitronen, in Scheiben geschnitten
2 rote Chilischoten, halbiert
2 Knoblauchzehen, zerdrückt
4 Zweige Majoran
1 Tasse (250 ml) Weißwein
1 Tasse (250 ml) Hühnerfond
(Für 4 Personen)

Die Hühnerbrustfilets halbieren und in kleine Stücke schneiden. Öl in einer Pfanne stark erhitzen, das Fleisch in die Pfanne geben und von jeder Seite 1 Minute goldbraun braten. Danach die Fleischstücke in eine Auflaufform legen. Die Zwiebeln in der Pfanne 4 Minuten tief bräunen. Dann mit einem Löffel Zwiebeln, Limonen, Chilischoten, Knoblauch, Majoran, Wein und Fond über das Hühnerfleisch geben.
Die Auflaufform abdecken und im vorgeheizten Backofen bei 160 °C 20 Minuten schmoren. Danach den Deckel abnehmen und das Ganze weitere 5 Minuten garen lassen. Das Huhn auf Schalen verteilen und zu gedämpftem Couscous servieren.

## Warmer Hühnersalat

4 Hühnerbrustfilets mit Knochen
2 grüne Tomaten, in dicke Scheiben geschnitten
1 EL Olivenöl
grob gemahlener schwarzer Pfeffer
250 g junge Rauke
3 EL Korianderblätter
3 EL Minzblätter
1 Tasse Wassermelone, in kleine Stücke geschnitten
*Dressing*
1 EL Sesamöl
2 rote Chilischoten, gehackt
1 EL Sesamkörner
3 EL Mirin* oder lieblicher Weißwein
1 EL helle Sojasauce
1 EL Limonensaft    (Für 4 Personen)

Die Hühnerfilets in Stücke schneiden. Das Fleisch und die Tomatenscheiben mit Olivenöl bestreichen und mit Pfeffer bestreuen; danach beides in eine Grillpfanne oder auf den Holzkohlegrill legen und grillen, bis das Fleisch zart und die Tomaten gar sind. Rauke, Koriander, Minze und Melone auf Tellern anrichten und Fleisch und Tomaten darauflegen.
Für das Dressing Öl in einem Topf bei mittlerer Hitze erhitzen, Chilischoten und Sesamkörner hineingeben und 1 Minute dünsten. Dann Mirin, Sojasauce und Limonensaft hinzufügen und 1 Minute köcheln lassen. Das noch warme Dressing über den Salat geben und servieren.

## Sandwich mit Huhn, Rösttomate und Basilikum

2 Hühnerbrustfilets
6 Flaschentomaten*, halbiert
Olivenöl
grob gemahlener schwarzer Pfeffer
100 g junge Spinatblätter
1 Tasse Basilikumblätter
3 EL Öl
8 Scheiben türkisches oder Sauerteigbrot
100 g reifer Cheddar
Zitronenstücke    (Für 4 Personen)

Das Hühnerfleisch und die Tomaten in eine Auflaufform legen, mit Olivenöl und Pfeffer bestreuen und im vorgeheizten Backofen bei 160 °C etwa 20 Minuten backen, bis die Hühnerfilets gegart sind. Danach das Fleisch herausnehmen und fein hacken. Spinat, Huhn, Tomaten und Basilikum auf die Hälfte der Brotscheiben legen; die andere Hälfte mit je einer Käsescheibe belegen und unter einem Backofengrill grillen, bis der Käse goldbraun geschmolzen ist. Nun die Grillkäse-Scheiben auf die andere Hälfte der Sandwiches legen und mit einem Spritzer Zitrone servieren.

# Fisch & Meeresfrüchte

Fisch & Meeresfrüchte

# Grundlagen

Die Regeln für die Zubereitung von Fisch und Meeresfrüchten sind einfach: Immer frischen Fisch verwenden, niemals zu lange im Backofen lassen und das fertige Gericht sofort servieren. Das ist alles.

## Fischfilets oder Steaks

### Auswahl

Bei Filets oder Steaks kann man nicht ohne weiteres erkennen, ob es sich um frischen Fisch handelt. Fischfilets müssen frisch riechen und feucht schimmern, und das Fleisch sollte sich fest anfühlen und eng an den Gräten anliegen (falls vorhanden). Die Filets müssen auf Eis – und nicht im Wasser – gelagert sein und dürfen keine Verfärbungen oder trockene Stellen aufweisen.

### Lagerung

Den Fisch in Klarsichtfolie einwickeln und in einem luftdicht verschließbaren Behälter aufbewahren. Die meisten Fischfilets und Steaks halten sich im Kühlschrank maximal 2 – 3 Tage.

## Ganze Fische

### Auswahl

Am einfachsten läßt sich der Frischegrad eines Fisches mit einem Blick auf seine Augen feststellen: Sie sollten klar, feucht und nicht eingefallen sein. Das Fleisch sollte sich fest anfühlen, und die Schuppen müssen eng zusammenstehen. Außerdem verströmt ein frischer Fisch einen frischen Meeresgeruch.

### Lagerung

Bitten Sie Ihren Fischhändler, den Fisch zu schuppen und auszunehmen, da dies die Lebensdauer des Fleisches erhöht. Ganze Fische sollten in Klarsichtfolie gewickelt oder in einem luftdicht verschließbaren Behälter maximal 2 – 3 Tage im Kühlschrank gelagert werden.

## Meeresfrüchte

Man unterscheidet Krustentiere sowie Schal- und Weichtiere. Die Krustentiere (Garnelen, Hummer, Krabben) besitzen ein Außenskelett, das zu einem Panzer geformt ist. Schal- und Weichtiere (Austern, Jakobsmuscheln, Miesmuscheln, Venusmuscheln, Tintenfische) zählen zu den Wirbellosen und werden meist von einer harten Schale geschützt.

### Auswahl

Krustentiere sollten einen intakten Panzer aufweisen, keine Verfärbungen an den Scheren zeigen und frisch und nicht streng riechen. Garnelen dürfen keine Verfärbungen im Kopfbereich aufweisen. Ganze Hummer und Krabben sollten für ihre Größe relativ schwer sein. Schal- und Weichtiere wie Austern und Miesmuscheln müssen fest geschlossene Schalen aufweisen. Austern erhält man häufig bereits geöffnet und aus der Schale gelöst; diese Tiere sollten ein festes Fleisch, cremige Farbe und klare Flüssigkeit besitzen. Lebende Miesmuscheln müssen zum Zeitpunkt des Verkaufs fest verschlossen sein; falls sie eine Öffnung aufweisen, ist die Muschel tot. Jakobsmuscheln sollten ein cremeweißes Fleisch ohne braune Markierungen aufweisen und einen intakten Rogensack besitzen. Kleine Tintenfische sind für die Zubereitung am besten geeignet; achten Sie auch hier auf festes Fleisch und einen frischen Meeresgeruch.

### Lagerung

Lebende Krustentiere oder lebende Schal- und Weichtiere können bis zu 2 Tagen in einem feuchten Jutesack an einem kühlen Ort aufbewahrt werden; bereits vorbereitete Tiere sollte man in Folie wickeln oder in einem luftdicht verschließbaren Behälter bis zu 2 Tagen im Kühlschrank lagern. Tintenfische müssen vor der Lagerung im Kühlschrank sorgfältig gesäubert werden. Auch aus der Schale gelöste Austern können – auf zerstoßenem Eis gelagert und mit Klarsichtfolie abgedeckt – bis zu 2 Tagen im Kühlschrank aufbewahrt werden.

Garnele

Blaukrabbe

Hornhecht

Auster

Jakobsmuschel

Fisch & Meeresfrüchte

Hornhecht mit Süßkartoffel-Füllung

Gebratene Thunfisch-Burger mit Chili-Salsa

Gegrillte Flußkrebse mit Zitrone und Dill-Reibekuchen

## Hornhecht mit Süßkartoffel-Füllung

12 Hornhechte, ausgenommen und entgrätet
Mehl
Olivenöl
*Füllung*
250 g orangefarbene Süßkartoffeln
2 EL Butter
3/4 Tasse frische Semmelbrösel
1 EL eingelegte Zitronen, gehackt
1 TL Harissa*
1 TL Zimt
(Für 4 Personen)

Für die Füllung die Süßkartoffeln gar kochen oder dämpfen, danach mit Butter zerstampfen. Kartoffelpüree, Semmelbrösel, Zitrone, Harissa und Zimt verrühren, diese Füllung in die Bauchhöhlen der Hornhechte löffeln und die Fische mit Zahnstochern verschließen. Den Fisch leicht in Mehl wälzen, danach in heißem Olivenöl von jeder Seite 1 – 2 Minuten braten. Mit Blattspinat servieren.

## Gebratene Thunfisch-Burger mit Chili-Salsa

4 Thunfischsteaks, je 120 g
2 TL Kaffir-Limonensaft*
1 EL geriebener Ingwer
2 EL Sojasauce
4 Mohnbrötchen, halbiert und getoastet
grüner Salat
*Chili-Salsa*
1 EL Öl
4 grüne Chilischoten, in Scheiben geschnitten
2 Knoblauchzehen, in Scheiben geschnitten
4 Schalotten, gehackt
1 grüne Tomate, entkernt und gehackt
1 EL brauner Zucker
(Für 4 Personen)

Den Thunfisch mit einer Mischung aus Limonensaft, Ingwer und Sojasauce bestreichen. Für die Chili-Salsa Öl in eine heiße Pfanne geben, Chilischoten und Knoblauch hinzufügen und braten, bis der Knoblauch goldbraun ist. Dann Schalotten, grüne Tomate und Zucker hineingeben und das Ganze weitere 3 Minuten kochen. Nun die Salsa vom Herd nehmen und warmhalten. Den Thunfisch in einer gefetteten, heißen Pfanne oder auf dem Holzkohlegrill von jeder Seite nicht länger als 45 Sekunden grillen.
Die unteren Brötchenhälften auf Teller verteilen und mit den Thunfischsteaks belegen. Den grünen Salat darauflegen, mit Chili-Salsa übergießen und mit den Oberseiten der Brötchen zudecken.

## Gegrillte Flußkrebse mit Zitrone und Dill-Reibekuchen

1 EL Öl
1 EL Butter
1 Zitrone, in Scheiben geschnitten
2 Knoblauchzehen, in Scheiben geschnitten
12 Süßwasserkrebse, halbiert und geputzt
2 EL Honig
grob gemahlener schwarzer Pfeffer
*Dill-Reibekuchen*
3 Kartoffeln, geschält und gerieben
2 EL Dill, gehackt
(Für 4 Personen)

Für die Dill-Reibekuchen Kartoffeln und Dill in einer kleinen Schüssel vermischen, die Mischung löffelweise auf ein gefettetes Grillblech oder in eine Pfanne geben und mit einem Pfannenwender flachdrücken. Von jeder Seite 3 Minuten goldbraun backen und warmhalten.
Für die Süßwasserkrebse Öl und Butter in einer Pfanne oder einem Elektrogrill bei mittlerer Hitze erhitzen, Zitronenscheiben und Knoblauch hinzugeben und 4 Minuten unter gelegentlichem Rühren anbraten.
Dann die Krebse in die Pfanne oder auf den Grill legen, mit Honig beträufeln und mit Pfeffer bestreuen und 2 – 3 Minuten grillen, bis die Krebse ihre Farbe verändern und vollständig erhitzt sind. Mit den Dill-Reibekuchen servieren.

## Junger Lachs, über Tee geräuchert

4 junge Lachse, ausgenommen
2 Limonen, in Scheiben geschnitten
12 kleine Sauerampferblätter*
Olivenöl
grob gemahlener schwarzer Pfeffer
3 EL Jasmintee
(Für 4 Personen)

Die Lachse auf ein Backblech legen und die Bauchhöhlen mit Limonenscheiben und Sauerampfer füllen. Den Fisch mit Olivenöl und Pfeffer bestreuen und im vorgeheizten Backofen bei 180 °C etwa 25 Minuten braten, bis er vollständig erhitzt ist. Danach die Lachse auf saugfähigem Küchenpapier abtropfen lassen, um überschüssiges Öl zu entfernen.
Den Tee auf den Boden eines großen Woks legen und erhitzen, bis er zu rauchen beginnt. Dann die Lachse auf einem Gitter in den Wok stellen und mit einem Deckel abdecken. Die Lachse etwa 10 Minuten räuchern. (Dies sollte möglichst in einer gut belüfteten Küche geschehen.)
Die Lachse warm oder kalt servieren; dazu einen grünen Salat reichen, der mit Mayonnaise, Limone und Pfeffer abgeschmeckt wurde.

Junger Lachs, über Tee geräuchert

Säbelfisch mit Knoblauchkruste

Fisch & Meeresfrüchte

Gebratene Chili-Krabben

## Säbelfisch mit Knoblauchkruste

6 Flaschentomaten*, halbiert
Pfeffer
4 Säbelfischsteaks
4 Knoblauchzehen, in Scheiben geschnitten
1 EL Zitronenthymianblätter
Pfeffer
junger Blattspinat
Limonenstücke
(Für 4 Personen)

Die Tomaten auf ein mit Backpapier ausgelegtes Backblech legen und im vorgeheizten Backofen bei 180 °C etwa 25 Minuten garen, bis sie gar und leicht gebräunt sind.
Die Fischsteaks auf ein mit Backpapier ausgelegtes Backblech legen und mit Knoblauch, Zitronenthymian und Pfeffer bestreuen. Dann den Fisch zu den Tomaten in den Backofen schieben und 10 – 15 Minuten backen, bis der Fisch gar ist.
Die Säbelfischsteaks auf einem Bett aus jungem Blattspinat mit Tomaten und Limonenstücken servieren.

## Gebratene Chili-Krabben

3 Strandkrabben
2 EL Öl
2 rote Chilischoten, gehackt
1 EL Meersalz
1 EL grob gemahlener schwarzer Pfeffer
Limonenstücke
(Für 4 Personen)

Die Beine und Scheren der Krabben abbrechen, den Körper in zwei Hälften schneiden und gründlich reinigen. Dann die Scheren mit der Rückseite eines Messers oder Hackmessers aufbrechen. Einen Wok stark erhitzen, Öl, Chilischoten, Salz und Pfeffer hineingeben und 1 Minute rösten. Die Krabbenteile dazugeben und 5 – 7 Minuten unter Rühren braten, bis sich die Schale verfärbt und das Fleisch weiß und zart ist.
Die Krabben mit Limonenstücken servieren und mit den Fingern essen; auf diese Weise aromatisieren die Gewürze auf der Schale das Krabbenfleisch.
Achtung: Wenn die Scheren besonders groß sind, sollten sie gedämpft werden, bevor man sie zu den Gewürzen in den Wok gibt.

## Gedämpfte Jakobsmuscheln mit Brühe

24 Jakobsmuscheln
3 EL Ingwer, fein gehackt
3 EL Korianderblätter
1 1/2 Tassen (375 ml) Wasser
1 Stengel Zitronengras*, zerdrückt
2 Kaffir-Limonenblätter*
2 EL Miso*
2 EL Öl
1/3 Tasse thailändisches Basilikum*
(Für 4 Personen)

Alle dunklen Teile des Muschelfleischs entfernen und die Jakobsmuscheln mit Ingwer und Koriander betreuen.
Wasser in einen Wok gießen und Zitronengras, Limonenblätter und Jakobsmuscheln dazugeben. Das Ganze abdecken, den Wok bei mittlerer Hitze erhitzen und die Muscheln 3 – 5 Minuten dämpfen. Dann die Muscheln aus dem Wok nehmen, abdecken und beiseite stellen. Den Sud im Wok mit Wasser auf etwa 1 Liter Flüssigkeit auffüllen. Dann das Miso in den Wok geben und unter Rühren auflösen. Die Flüssigkeit 2 Minuten köcheln lassen. In der Zwischenzeit Öl in einer Pfanne bei mittlerer Hitze erhitzen, Basilikum hinzugeben, knusprig rösten und auf saugfähigem Küchenpapier abtropfen lassen.
Die Jakobsmuscheln auf die Teller verteilen, mit geröstetem thailändischen Basilikum bestreuen und mit etwas Öl aus der Pfanne beträufeln. Dazu die Brühe in kleinen Schalen servieren.

Fisch & Meeresfrüchte

Gedämpfte Jakobsmuscheln mit Brühe

Schwertfisch mit asiatischem Gemüse

Gegrillte Lachssteaks mit Lorbeer und Kerbel

Knuspriger pikanter Schnapper

Fisch & Meeresfrüchte

## Schwertfisch mit asiatischem Gemüse

4 große Bögen Backpapier
300 g gemischte asiatische Gemüse (z.B. Pak Choi*, Choi Sum, Zuckererbsenkeimlinge)
4 Schwertfischsteaks
4 Stengel Koriander
8 Kaffir-Limonenblätter*
4 Stengel Zitronengras*, halbiert
4 grüne Chilischoten, in Scheiben geschnitten
Pfeffer und Limonenstücke (zum Garnieren)
(Für 4 Personen)

4 Bambuskörbchen* mit Backpapier auslegen, so daß das Papier über den Rand der Körbchen hinausragt. Dann das Gemüse auf den Boden des Körbchens legen, jedes Schwertfischsteak mit einem Korianderstengel umwickeln und die Steaks auf das Gemüse legen. Nun Limonenblätter, Zitronengras und Chilischoten über die Steaks geben, das Backpapier über den Steaks zusammenfalten und die Deckel auf die Bambuskörbchen legen. Die Körbchen über köchelndes Wasser stellen und 4 – 5 Minuten dämpfen, bis der Schwertfisch gar ist. Mit Pfeffer und Limonenstücken servieren.

## Gegrillte Lachssteaks mit Lorbeer und Kerbel

1 EL Olivenöl
2 TL Meersalz
500 g Süßkartoffeln geschält und gehackt
350 g Pastinaken, geschält und gehackt
60 g Butter
2 EL Öl
8 Lorbeerblätter
3 EL Kerbel, gehackt
1 TL grob gemahlener schwarzer Pfeffer
2 Stücke Limonenschale
4 Lachssteaks, je 185 g
125 g junger Blattspinat
(Für 4 Personen)

Olivenöl, Salz, Süßkartoffeln und Pastinaken in eine Auflaufform geben und vermischen. Dann die Form in einen auf 200 °C vorgeheizten Backofen schieben und 35 Minuten rösten, bis die Süßkartoffeln und die Pastinaken goldbraun sind. Butter und Öl in einer Pfanne bei mittlerer Hitze erhitzen, Lorbeerblätter, Kerbel, Pfeffer und Limonenschale dazugeben und 2 Minuten rösten. Dann die Lachssteaks in die Pfanne legen und 1 – 2 Minuten von jeder Seite braten, bis die Steaks außen fest und innen rosa sind.
Zum Servieren Süßkartoffeln und Pastinaken auf Teller verteilen, den jungen Blattspinat und die Steaks darauflegen und den Bratensud über den Fisch löffeln.

## Knuspriger pikanter Schnapper

2 TL gemahlener Kreuzkümmel
1 grüne Chilischote
3 Stengel Koriander
2 Knoblauchzehen
2 Scheiben Ingwer
2 TL Garam masala
4 kleine Schnapper, ausgenommen
Öl zum Fritieren
(Für 4 Personen)

Kreuzkümmel, Chilischote, Koriander, Knoblauch, Ingwer und Garam masala mit Mörser und Stößel oder in einem kleinen Mixer glatt pürieren. Das Fischfleisch mehrfach tief einschneiden; dann die Fische mit der Kräutermischung einreiben und im Kühlschrank 1 Stunde marinieren.
Die Schnapper 1 – 2 Minuten in heißem Öl fritieren, bis der Fisch knusprig und gar ist; am besten verwendet man dazu einen Wok. Mit fritierten Kartoffelscheiben servieren.

## Limonengarnelen mit grünem Mangosalat

16 große rohe Garnelen
2 EL geriebene Limonenschale
3 EL Limonensaft
2 rote Chilischoten, fein gehackt
2 TL Kreuzkümmelkörner
2 TL Sesamöl
*Grüner Mangosalat*
2 grüne Mangos, geschält
4 Schalotten, gehackt
2 rote Chilischoten, in Scheiben geschnitten
2 EL brauner Zucker
2 EL Limonensaft
1/2 Tasse Minzblätter
1/4 Tasse Korianderblätter
(Für 4 Personen)

Die Garnelen schälen – dabei die Köpfe und Schwänze intakt lassen und den dunklen Darm entfernen – und auf Holzspieße aufspießen. Limonenschale, Limonensaft, Chilischoten, Kreuzkümmel und Sesamöl verrühren; anschließend die Garnelen mit dieser Mischung einpinseln und 10 Minuten ziehen lassen.
Für den grünen Mangosalat die Mangos in dünne Scheiben schneiden und mit Schalotten, Chilischoten, Zucker, Limonensaft, Minze und Koriander vermischen.
Den Salat in kleinen Portionen auf den Tellern anrichten. Die Garnelen auf einem Holzkohlegrill oder in einer Grillpfanne von jeder Seite 1 Minute grillen, bis sie vollständig erhitzt sind, dann auf den Mangosalat legen und servieren.

Limonengarnelen mit grünem Mangosalat

# Früchte

Früchte

# Grundlagen

## Jahreszeiten

Früchte kauft man am besten zu ihrer jeweiligen Erntezeit, wenn sie ihr bestes Aroma, festes Fleisch und die schönste Farbe besitzen. Außerdem sind sie dann besonders preiswert.

## Lagerung

In den wärmeren Monaten bewahrt man Früchte am besten im Kühlschrank auf. Eine Ausnahme bilden nur die Bananen: Zwar verfärbt sich ihre Schale schwarz, aber das Fleisch bleibt schmackhaft. Der beste Lagerplatz im Kühlschrank sind die Obst- und Gemüsefächer. Beeren sollte man in einer Schale aufbewahren, die mit saugfähigem Papier ausgelegt ist, und ebenfalls in den Kühlschrank stellen. Früchte, die noch nachreifen, müssen bei Zimmertemperatur aufbewahrt und erst als reife Frucht in den Kühlschrank gestellt werden. Einmal aufgeschnittenes Obst sorgfältig in Klarsichtfolie wickeln und im Kühlschrank aufbewahren. Viele Menschen glauben, daß Obst nicht direkt aus dem Kühlschrank gegessen werden darf, weil es sein Aroma erst bei Zimmertemperatur entwickelt. Dem stimme ich nicht zu: Meiner Ansicht nach gibt es nichts Besseres an einem heißen Sommertag als eine kühle Mango oder einen Pfirsich.

## Auswahl

Die Früchte sollten festes Fleisch und kräftige Farben haben und keine Beschädigungen oder Druckstellen aufweisen. Melonen prüft man, indem man sie mit der Handfläche abklopft: Sie sollten einen vollen Klang erzeugen. Zucker- und Honigmelonen lassen sich leicht auf ihren Reifegrad testen, indem man an den Stengelenden riecht. Außerdem sollten die Stengel fest sitzen und sich nur wenig bewegen lassen. Äpfel kann man kaufen, wenn sie festes Fleisch und eine unbeschädigte Schale aufweisen. Birnen reifen von innen nach außen; also sollte man feste, schwere Birnen kaufen, deren Haut nicht beschädigt ist. Steinobst muß ebenfalls festes Fleisch und eine unbeschädigte, glänzende Haut besitzen; die Schale darf nicht trübe oder verwelkt wirken. Zitrusfrüchte sollten für ihre Größe relativ schwer sein und eine glatte, glänzende Schale aufweisen. Feigen schmecken am besten, wenn sie weich und prall sind und einen süßen Duft verströmen – ein säuerlicher Geruch deutet dagegen auf eine überreife Frucht hin. Frische Weintrauben besitzen frische grüne Stiele und pralle Früchte; Trauben mit aufgerissener Haut sollte man nicht kaufen. Helle Trauben sind reif, wenn sie einen gelblichen Farbton aufweisen; das gleiche gilt für blaue Trauben, die keinen Grünton mehr zeigen. Nashi* müssen für ihre Größe relativ schwer sein, was darauf hindeutet, daß sie voller Saft sind. Mangos schmecken am besten, wenn sie eine glatte, feste Haut ohne Beschädigungen besitzen und wunderbar duften.

## Vorbereitung

Einige Früchte wie Bananen und Äpfel werden braun, wenn ihr aufgeschnittenes Fruchtfleisch offen der Luft ausgesetzt ist. Um dies zu verhindern, reibt man die Schnittflächen mit ein wenig Zitronensaft ein. Aus ernährungswissenschaftlichen Gründen sollte man Früchte nur bei Bedarf schälen und vor der Zubereitung unter fließendem kalten Wasser gründlich reinigen.

Aprikosen  Nektarine

Pfirsich  Pflaumen

Himbeeren  Blaubeeren  Erdbeere

Früchte

Aprikosen in Sauternes-Sirup

Mandel-Pfirsich-Galette

Himbeer-Limonen-Torte

## Aprikosen in Sauternes-Sirup

12 Aprikosen
1/4 Tasse Zucker
1/3 Tasse (80 ml) Wasser
1 1/2 Tassen (375 ml) Sauternes oder süßer Dessertwein
1 Vanilleschote
(Für 4 Personen)

Die Aprikosen in eine Schüssel mit kochendem Wasser legen und 4 Minuten stehen lassen; dann vorsichtig das Wasser abgießen und die Haut abziehen. Zucker und Wasser in einem Topf bei schwacher Hitze erhitzen und dabei umrühren, bis sich der Zucker aufgelöst hat. Den Sirup zum Köcheln bringen und den Sauternes und die Vanilleschote dazugeben. Weitere 5 Minuten köcheln lassen; dann die Aprikosen hinzufügen und 3 – 5 Minuten köcheln lassen, bis die Früchte weich sind.
In einem tiefen Teller zusammen mit Honigplätzchen (siehe S. 152) servieren.

## Mandel-Pfirsich-Galette

4 Pfirsiche
185 g Blätterteig (aus der Kühltheke)
1/2 Tasse geriebene Mandeln
2 EL weiche Butter
1/2 TL Vanillearoma
4 EL Demerara-Zucker (siehe S. 156)
(Für 4 Personen)

Die Pfirsiche halbieren, entsteinen und in Scheiben schneiden. Den Blätterteig in vier Stücke schneiden.
Mandeln, Butter und Vanillearoma in einer Schale verrühren und die Mischung auf die Mitte der Blätterteigstücke verteilen; dann die Pfirsiche darauflegen und mit Zucker bestreuen. Die Galettes auf ein Backblech legen und im vorgeheizten Backofen bei 200 °C 15 Minuten backen, bis der Teig aufgegangen und goldbraun ist. Mit Crème fraîche oder Eiscreme servieren.

## Himbeer-Limonen-Torte

1 Portion oder 250 g süßer Mürbeteig*
300 g Himbeeren
Puderzucker
*Füllung*
1/2 Tasse (120 ml) Limonensaft
1 1/2 Tassen (375 ml) Sahne
1/2 Tasse (120 ml) Kokoscreme
1/2 Tasse extrafeiner Zucker
4 Eier, leicht geschlagen
(Für 6 bis 8 Personen)

Den Teig auf etwa 3 mm Dicke ausrollen, in eine 24 cm große Springform geben und 30 Minuten in den Kühlschrank stellen. Danach die Form mit Backpapier auslegen und mit Blindbackgewichten oder Reis füllen. Den Teig im vorgeheizten Backofen bei 180 °C 5 Minuten blindbacken; danach die Gewichte und das Papier entfernen und den Teig weitere 5 Minuten backen.
Für die Füllung Limonensaft, Sahne, Kokoscreme, Zucker und Eier in einer Schüssel verrühren, diese auf den Mürbeteigboden geben und weitere 25 Minuten backen, bis die Masse fest ist. Danach die Torte herausnehmen, im Kühlschrank abkühlen lassen und vor dem Servieren mit Himbeeren dekorieren.

## Nektarinen-Eis

4 Nektarinen, entsteint
2 EL Limonensaft
3 Tassen (750 ml) Sahne
6 Eigelb
2/3 Tasse Zucker
(Für 6 Personen)

Nektarinen und Limonensaft in den Mixer geben und glatt pürieren; dann das Püree durch ein Sieb streichen, so daß etwa 1 Tasse (250 ml) Nektarinenpüree übrigbleibt.
Sahne, Eigelb und Zucker in einem Topf bei schwacher Hitze erhitzen und etwa 10 Minuten umrühren, bis die Mischung leicht andickt. Anschließend abkühlen lassen.
Das Nektarinenpüree unter die Sahnemischung rühren, das Ganze in eine Eismaschine geben und nach Herstellerangaben eine feste, gefrorene Eiscreme zubereiten. Ersatzweise die Mischung in einen Metallbehälter geben und 1 Stunde ins Gefrierfach stellen. Danach die Mischung herausnehmen, glattrühren und erneut für 30 Minuten ins Gefrierfach stellen. Nun die Mischung ein weiteres Mal glattrühren und ins Gefrierfach stellen, bis die Masse fest ist.

Nektarinen-Eis

Früchte

Nashi mit Limone und Ingwer

Apfelkuchen

Honigplätzchen mit Beeren

Frischer Pflaumenkuchen

Früchte

## Nashi mit Limone und Ingwer

1 Tasse Zucker
4 Tassen (1 l) Wasser
5 cm langes Stück Ingwer, fein gehackt
3 EL Limonensaft
Schale von 1 Limone, in dünne Streifen geschnitten
4 Nashi*
Limonensaft (zusätzlich)    (Für 4 Personen)

Zucker, Wasser, Ingwer, Limonensaft und Schale in einen Topf geben und bei schwacher Hitze umrühren, bis sich der Zucker aufgelöst hat. Dann die Temperatur erhöhen und die Mischung 5 Minuten köcheln lassen. Die Nashi schälen, halbieren und mit dem zusätzlichen Limonensaft bestreichen, um ein Verfärben zu verhindern. Die Nashi in eine Schüssel geben und den Sirup darübergießen; das Ganze 2 Stunden in den Kühlschrank stellen und gelegentlich umrühren. Mit dem Limonen-Ingwersirup und einer Kugel gerösteter Kokosnuß-Eiscreme servieren.

## Apfelkuchen

3 grüne Äpfel, geschält, entkernt und gehackt
1/4 Tasse (60 ml) Wasser
2 TL geriebene Zitronenschale
2 EL Zucker
250 g Blätterteig (aus der Kühltheke)
4 grüne Äpfel (zusätzlich)
45 g zerlassene Butter
1 EL Zucker (zusätzlich)    (Für 8 Personen)

Äpfel, Wasser, Zitronenschale und Zucker in einem geschlossenen Topf bei mittlerer Hitze kochen, bis die Äpfel sehr weich sind. Dann die Äpfel mit einer Gabel fein zerdrücken und das Ganze abkühlen lassen.
Den Teig auf einer leicht bemehlten Arbeitsfläche zu einem 18 x 28 cm großen Rechteck von etwa 3 mm Dicke ausrollen. Das Apfelmus so über den Teig verteilen, daß rundum ein 3 cm breiter Teigrand bleibt. Die zusätzlichen Äpfel schälen, in dünne Scheiben schneiden und oben auf das Apfelmus legen. Die Äpfel mit Butter bestreichen und mit Zucker bestreuen; dann den Kuchen auf ein Backblech legen und im vorgeheizten Backofen bei 180 °C etwa 30 Minuten backen, bis der Teig aufgegangen und goldbraun ist. Mit Vanilleeis oder Crème fraîche servieren.

## Honigplätzchen mit Beeren

1/4 Tasse extrafeiner Zucker
2 EL Honig
1/2 Tasse Mehl
1 Eiweiß
45 g zerlassene Butter

*Füllung*
3/4 Tasse (200 ml) Crème fraîche
2 EL Puderzucker
2 TL geriebene Limonenschale
500-600 g gemischte Beeren    (Für 6 bis 8 Personen)

Für die Plätzchen Zucker, Honig, Mehl, Eiweiß und Butter in eine Schüssel geben und zu einer glatten Masse verrühren. Die Mischung löffelweise auf ein gefettetes Backblech geben und im vorgeheizten Backofen bei 180 °C etwa 8 – 10 Minuten backen, bis die Kekse goldbraun sind. Anschließend die Kekse auf einem Gitter abkühlen lassen.
Für die Füllung Crème fraîche, Puderzucker und Limone miteinander vermischen. Zum Servieren ein Honigplätzchen auf einen Teller legen und darauf einen Schlag Sahnemischung und Beeren geben. Darauf ein weiteres Honigplätzchen legen und mit Puderzucker bestreuen.

## Frischer Pflaumenkuchen

4 rote Pflaumen, entsteint und gehackt
155 g Butter
3/4 Tasse extrafeiner Zucker
3 Eier
1 1/2 Tassen gemahlene Haselnüsse oder Mandeln
1 TL Vanillearoma
1 1/2 Tassen Mehl
3/4 TL Backpulver    (Für 8 bis 10 Personen)

Die Pflaumen in einen Mixer geben, glatt pürieren und beiseite stellen. Dann Butter und Zucker in einer Schüssel schaumig rühren; Eier hinzufügen und die Masse gut durchrühren. Pflaumenmus, Haselnüsse, Vanillearoma, Mehl und Backpulver unter die Eimischung rühren und in eine gefettete, 24 cm große, runde Kuchenform gießen. Den Kuchen im vorgeheizten Backofen bei 180 °C 45 – 55 Minuten backen. Mit einem Holzspieß überprüfen, ob der Kuchen gar ist; danach die Kuchenform 5 Minuten stehenlassen. Mit Crème fraîche und weiteren Scheiben roter Pflaumen noch warm servieren.

## Gegrillte Zuckerfeigen

6 frische Feigen, halbiert
2 EL Dessertwein
1/2 Tasse brauner Zucker
60 g Butter
(Für 4 bis 6 Personen)

Die Feigenhälften mit der fleischigen Seite nach oben auf ein Backblech legen, mit Dessertwein bestreichen und mit braunem Zucker bestreuen.
Die Feigen 2 – 3 Minuten unter einem Backofengrill grillen, bis sie goldbraun sind. Mit Karamel-Eiscreme servieren.

Gegrillte Zuckerfeigen

# Butter & Backwaren

# Grundlagen

### Sieben
Mehl und klumpiger Zucker werden durch ein Sieb gegeben, um sie zu lockern und Klümpchen zu entfernen, die sich beim Verrühren nicht verteilen.

### Mehl
Mehl wird in einer Vielzahl von Typen wie etwa Vollkornmehl, Weiß- oder Auszugsmehl angeboten. Vollkornmehl verleiht den Backwaren eine kräftigere Konsistenz und ein nußartiges Aroma.

### Mixen
Für das Schlagen mit dem Schneebesen kann man einen Hand-Schneebesen oder einen elektrischen Mixer verwenden. Durch das Schlagen werden die Zutaten verteilt und miteinander vermischt. Außerdem wird bei Zutaten wie Eiern möglichst viel Luft eingearbeitet.

### Unterheben
Beim Unterheben vorsichtig mit einem Metalllöffel durch die Zutaten fahren und vorsichtig einen Teil unter den anderen Teil der Masse heben; dabei darauf achten, daß die Mischung locker-luftig bleibt.

### Schaumig rühren
Beim Schaumigrühren von Butter und Zucker sollte die Butter kühl, aber weich sein. Zerlassene oder teilweise zerlassene Butter würde dagegen die Konsistenz der Backware verändern. Butter und Zucker muß man so lange schaumig rühren, bis die Mischung eine helle Cremefarbe annimmt und leicht und locker wirkt.

### Schlagen
Lebensmittel kann man mit der Hand (und einem Holzlöffel) oder mit einer elektrischen Küchenmaschine schlagen – je nach Rezeptanweisung. Durch das Schlagen werden die Zutaten sorgfältig vermischt und gleichzeitig mit Luft durchsetzt. Beim Schlagen mit der Hand sollte man mit einem Schaber aus Gummi oder Kunststoff immer wieder an den Innenseiten der Schüssel entlangfahren, damit sich alle Zutaten gut vermischen. Beim Schlagen mit der Küchenmaschine werden die Zutaten nicht gelockert, sondern nur sehr glatt vermischt. Wenn man Eiweiß schlägt, müssen Schüssel und Löffel trocken und fettfrei sein, damit die geschlagene Mischung ihr größtes Volumen erreicht. Beim Schlagen von Sahne darauf achten, daß die Sahne gut gekühlt ist.

### Butter
Neben der herkömmlichen ungesalzenen Butter sind im Handel auch gesalzene bzw. Kräuterbutter erhältlich. Für feine Backwaren eignet sich ungesalzene Butter am besten. Für hellbraune Butter mit nussigem Aroma die Butter bei schwacher Hitze zerlassen; dann die Pfanne vom Herd nehmen, bevor die Butter vollständig zerlassen ist, und kräftig durchrühren. Zum Schaumigrühren die Butter einige Stunden vorher aus dem Kühlschrank nehmen und bei Zimmertemperatur verarbeiten. Bei der Herstellung von Teig für Feingebäck sollte die Butter kalt und fest sein, damit das Gebäck eine feine, knusprige Kruste bekommt.

### Zucker
Weißer Zucker oder Kristallzucker ist die bekannteste und am häufigsten verwendete Zuckersorte. Er wird in verschiedenen Stärken angeboten, wie feiner Zucker und extrafeiner Zucker. Die Kristalle des extrafeinen Zuckers lassen sich besonders gut auflösen und eignen sich deshalb für Baisers und Kuchenteig. Puderzucker ist eine Zuckersorte, die zu einem besonders feinen Pulver vermahlen wurde. Brauner Zucker ist eine relativ feuchte Zuckermasse mit sehr kleinen Kristallen, die aufgrund der Melasse, die jedes einzelne Kristall umgibt, ein charakteristisches Aroma besitzt. Diese Zuckersorte eignet sich gut für Puddings und Backwaren. Demerara-Zucker wurde mit hellbrauner Melasse versetzt, wodurch er einen karamelartigen Geschmack erhält. Auch dieser Zucker eignet sich hervorragend zum Backen.

Schaumig rühren

Schlagen mit dem Schneebesen

Meßbecher

Meßlöffel

Sieben

Butter & Backwaren

## Topfkuchen

375 g Butter
1 1/2 Tassen Zucker
1 TL Vanillearoma

6 Eier
3 Tassen Mehl
1 EL Backpulver

**SCHRITT EINS**
Butter und Zucker in einer Schüssel schaumig rühren.

**SCHRITT ZWEI**
Vanillearoma und Eier – einzeln – hinzugeben und das Ganze gut verrühren.

**SCHRITT DREI**
Mehl und Backpulver zusammen durch ein Sieb streichen und unter die Butter und die Eier heben.

**SCHRITT VIER**
Den Teig in eine gefettete quadratische Kuchenform von 20 cm Kantenlänge geben und im vorgeheizten Backofen bei 160 °C etwa 1 Stunde backen, bis keine Teigreste an einem Holzstäbchen haften bleiben, das man die Kuchenmitte sticht.

## Variationen

**ORANGEN-TOPFKUCHEN**
3 Eßlöffel fein geriebene Orangenschale zur Butter hinzufügen.

**ZITRONEN-TOPFKUCHEN**
2 Eßlöffel fein geriebene Zitronenschale zur Butter hinzufügen.

**KOKOS-TOPFKUCHEN**
1 Tasse Kokosraspeln zusammen mit dem Mehl unter Butter und Eier heben.

**MOHN-TOPFKUCHEN**
3 Eßlöffel Mohnsamen zusammen mit dem Mehl unter Butter und Eier heben.

Topfkuchen

## Blaubeer-Zitronen-Törtchen

175 g Butter
1 Tasse Mandelmehl
1 EL fein geriebene Zitronenschale
1 2/3 Tassen Puderzucker, gesiebt
5 EL Mehl, gesiebt
5 Eiweiß
200 g Blaubeeren, tiefgefroren oder frisch
Puderzucker (zusätzlich)
(Ergibt 10 bis 12 Törtchen)

Die Butter in einem Topf bei schwacher Hitze zerlassen, bis sie hellbraun ist. Mandelmehl, Zitronenschale, Puderzucker und Mehl in einer Schüssel verrühren, das Eiweiß hinzugeben und mischen. Nun die zerlassene Butter dazugeben und sorgfältig verrühren. Die Mischung auf gefettete Soufflé-Förmchen* mit 125 ml Fassungsvermögen verteilen.
Die Törtchen mit Blaubeeren bestreuen und im vorgeheizten Backofen bei 200 °C 15 Minuten backen, bis die Kruste goldbraun ist und auf Fingerdruck leicht nachgibt. Dann die Törtchen auf einem Kuchengitter abkühlen lassen und vor dem Servieren mit Puderzucker bestreuen.

## Karameltörtchen

125 g Butter
1 1/3 Tassen brauner Zucker
4 Eier, getrennt
3/4 Tasse Mehl
1/2 TL Backpulver
1/2 Tasse (120 ml) Milch
*Karamelsauce*
1/2 Tasse brauner Zucker
2 EL Wasser
60 g Butter
1/3 Tasse (80 ml) Sahne    (Für 6 Personen)

Butter und Zucker in einer Schüssel schaumig rühren; Eigelb dazugeben und gut durchrühren. Danach Mehl, Backpulver und Milch unter die Mischung rühren. Das Eiweiß in einer anderen Schüssel steif schlagen, bis sich sanfte Spitzen bilden; dann vorsichtig unter die Eigelbmischung heben und diese Mischung auf sechs 250 ml-Soufflé-Förmchen* verteilen.
Die Soufflé-Förmchen in eine Backform stellen und diese bis etwa 2 cm unterhalb des Förmchenrandes mit Wasser auffüllen. Die Törtchen im vorgeheizten Backofen bei 180 °C etwa 20 Minuten backen, bis der Teig aufgegangen und goldbraun ist.
Für die Karamelsauce Zucker, Wasser und Butter in einen Topf geben und bei schwacher Hitze umrühren, bis sich der Zucker aufgelöst hat. Sahne hinzufügen, und die Sauce weitere 5 Minuten köcheln lassen, bis sie andickt.
Zum Servieren die Soufflé-Förmchen auf Teller verteilen und die Törtchen mit der Karamelsauce übergießen.

## Schokoladenkuchen mit Glasur

300 g Halbbitter-Schokolade, gehackt
250 g Butter
5 Eier
4 EL Zucker
1/2 Tasse gemahlene Mandeln
1 Tasse Mehl, gesiebt
1/2 TL Backpulver
1/2 Tasse (120 ml) Sahne
125 g Zartbitter-Schokolade, gehackt (zusätzlich)
(Für 8 bis 10 Personen)

Schokolade und Butter in einem Topf bei schwacher Hitze erhitzen, unter Rühren glatt vermischen und beiseite stellen. Dann Eier und Zucker in eine Schüssel geben und schaumig rühren (etwa 6 Minuten). Mandeln, Mehl, Backpulver und Schokoladenmischung unter Eier und Zucker heben, die Mischung in eine gefettete und mit Backpapier ausgelegte, 25 cm lange Königskuchenform geben und im vorgeheizten Backofen bei 160 °C etwa 45 Minuten backen (Holzstäbchenprobe). Den Kuchen in der Form abkühlen lassen.
Für die Schokoladenglasur Sahne in einem Topf bis kurz unterhalb des Siedepunkts erhitzen; dann den Topf vom Herd nehmen und die zusätzliche Schokolade darunterrühren, bis eine glatte Mischung entsteht. Den Kuchen mit der Glasur bestreichen, in Stücke schneiden und mit einer gekühlten Beerenmischung und Sahne servieren.

## Teetörtchen

1 1/2 Tassen Mehl
3/4 TL Backpulver
2/3 Tasse extrafeiner Zucker
155 g Butter
3 Eier, leicht geschlagen
1/4 Tasse (60 ml) Milch
1 TL Vanillearoma
Schlagsahne oder Lemon Curd
(Ergibt 24 Törtchen)

Mehl, Backpulver, Zucker, Butter, Eier, Milch und Vanillearoma in eine Schüssel geben und schlagen, bis die Zutaten völlig vermischt sind und eine leichte, cremige Mischung entsteht. Die Mischung in Papierbackförmchen (3 – 4 cm Durchmesser) geben, bis diese zu zwei Dritteln gefüllt sind; dann im vorgeheizten Backofen bei 180 °C etwa 20 Minuten backen, bis die Törtchen goldbraun sind und keine Teigreste an einem Holzstäbchen haften bleiben, das man in die Törtchenmitte sticht. Abkühlen lassen.
Vor dem Servieren mit einem Teelöffel ein Stück aus den Törtchen herausheben und die Vertiefung mit Schlagsahne oder Lemon Curd füllen. Zum Schluß das entfernte Tortenstück auf die Füllung drücken, die Törtchen mit Puderzucker bestreuen und zum Kaffee servieren.

Blaubeer-Zitronen-Törtchen

Schokoladenkuchen mit Glasur

Karameltörtchen

Teetörtchen

Butter & Backwaren

Vanilleplätzchen

Mandelgebäck

Schokoladenkekse

Schokoladen-Brownies

## Vanilleplätzchen

185 g Butter
1 Tasse extrafeiner Zucker
1 1/2 TL Vanillearoma
2 1/2 Tassen Mehl
1 Ei
(Ergibt etwa 30 Plätzchen)

Butter, Zucker und Vanillearoma in einem Mixer glatt vermischen, Mehl und Eier dazugeben und erneut mixen, bis ein glatter Teig entsteht.
Den Teig leicht durchkneten, in Klarsichtfolie wickeln und 30 Minuten in den Kühlschrank stellen; danach auf Backpapier auf etwa 5 mm Dicke ausrollen. Mit Ausstechförmchen den Teig in der gewünschten Form ausstechen und die Plätzchen auf ein Backblech legen.
Die Plätzchen im vorgeheizten Backofen bei 180 °C 10 – 12 Minuten goldbraun backen, dann auf Kuchengittern abkühlen lassen.

## Mandelgebäck

250 g Butter
3/4 Tasse Puderzucker
1 TL Vanillearoma
2 Tassen Mehl
100 g geröstete abgezogene Mandeln, gehackt
Puderzucker (zusätzlich) zum Bestäuben
(Ergibt 20 Plätzchen)

Butter, Zucker und Vanillearoma in einer Schüssel schaumig rühren, Mehl und Mandeln dazugeben und zu einem glatten Teig verrühren. Die Teigmischung 5 Minuten in den Kühlschrank stellen, bis sie fest ist.
Je 2 Eßlöffel Teig zu einer Sichelform rollen, auf ein mit Backpapier ausgelegtes Backblech legen und im vorgeheizten Backofen bei 160 °C etwa 15 Minuten backen, bis der Mürbeteig goldbraun ist. Die Plätzchen danach auf einem Kuchengitter abkühlen lassen und großzügig mit Puderzucker bestäuben.

## Schokoladenkekse

125 g weiche Butter
1/2 TL Vanillearoma
1 Tasse brauner Zucker
1 Ei
2 Tassen Mehl
1 TL Backpulver
1 Tasse Kokosraspeln
250 g Schokolade, gehackt
(Ergibt 20 Kekse)

Butter, Vanillearoma und Zucker in einer Schüssel schaumig rühren, das Ei unter die Mischung geben und dann Mehl, Backpulver, Kokosraspeln und Schokolade unterrühren.
Je 2 Eßlöffel der Mischung zu kleinen Kugeln rollen, auf ein mit Backpapier ausgelegtes Backblech legen und leicht abflachen, dann im vorgeheizten Backofen bei 190 °C etwa 15 Minuten backen, bis die Kekse leicht gebräunt sind. Danach auf einem Kuchengitter abkühlen lassen und mit heißem Kakao servieren.

## Schokoladen-Brownies

125 g Butter
125 g Zartbitter-Schokolade
2 Eier
1 Tasse extrafeiner Zucker
1 1/4 Tassen Mehl
1/4 TL Backpulver
3/4 Tasse Pekan- oder Macadamianüsse, gehackt
(Ergibt 12 Brownies)

Butter und Schokolade in einem Topf bei sehr schwacher Hitze erhitzen und unter Rühren zu einer glatten Mischung verarbeiten.
Eier und extrafeinen Zucker in einer Schüssel zu einer hellen, dicken Mischung schlagen. Die Schokoladenmischung darunterheben, Mehl, Backpulver und Nüsse durch ein Sieb zu der Butter-Eier-Mischung geben und das Ganze in eine gefettete Kuchenform von 20 cm Kantenlänge gießen. Den Kuchen im vorgeheizten Backofen bei 180 °C etwa 30 Minuten backen.
Nach dem Abkühlen den Kuchen zu viereckigen Brownies schneiden. Mit einer Tasse Espresso servieren.

Gedämpfte Kokoskuchen mit Limone

Butter & Backwaren

Orangen-Grieß-Kuchen

Bananen-Ahornsirup-Muffins

## Gedämpfte Kokoskuchen mit Limone

175 g Butter
85 g extrafeiner Zucker
1 TL Vanillearoma
3 Eier, leicht geschlagen
1 Tasse Mehl, gesiebt
1/2 TL Backpulver
100 g Kokosraspeln
*Limonensirup*
1/2 Tasse Zucker
1 Tasse (250 ml) Wasser
3 EL Limonensaft
geriebene Schale von 2 Limonen
3 Kardamomkapseln, zerdrückt
(Für 6 Personen)

Butter, Zucker und Vanillearoma in einer Schüssel schaumig rühren, Eier dazugeben und sorgfältig verrühren. Dann Mehl, Backpulver und Kokosraspeln darunterheben und die Mischung auf sechs gut gefettete 180 ml-Soufflé-Förmchen* verteilen.
Die Mischung mit kleinen Kreisen aus Butterbrotpapier abdecken, die Förmchen in einen Dämpfeinsatz stellen und bei sprudelnd kochendem Wasser 40 Minuten dämpfen, bis keine Teigreste mehr an einem Holzstäbchen haften bleiben, das man in die Kuchenmitte sticht.
Für den Sirup Zucker, Wasser, Limonensaft und Schale sowie Kardamomkapseln in einem Topf bei schwacher Hitze erhitzen und umrühren, bis der Zucker sich aufgelöst hat. Danach den Sirup 3 – 5 Minuten köcheln lassen, bis er leicht andickt.
Die Kuchen auf Teller stürzen und den Limonensirup darübergeben. Mit Crème fraîche servieren.

## Orangen-Grieß-Kuchen

2/3 Tasse Mehl
1/2 TL Backpulver
2 Tassen feiner Weizengrieß
4 Eier, getrennt
3/4 Tasse extrafeiner Zucker
1/2 Tasse (120 ml) Olivenöl
1 EL geriebene Orangenschale
1/2 Tasse (80 ml) Orangensaft
*Sirup*
1 Tasse extrafeiner Zucker (zusätzlich)
3/4 Tasse (200 ml) Orangensaft (zusätzlich)
1 EL geriebene Orangenschale (zusätzlich)
(Für 6 bis 8 Personen)

Mehl, Backpulver und Grieß in einer Schüssel sorgfältig verrühren. In einer anderen Schüssel Eigelb, Zucker, Öl und Orangenschale kräftig schlagen; dann die Eigelbmischung zusammen mit dem Orangensaft unter die Mehlmischung heben. Das Eiweiß in einer Schüssel steif schlagen, dann unter die Mehl-Ei-Mischung heben und das Ganze in eine gefettete Kuchenform von 20 cm Kantenlänge geben. Den Kuchen im vorgeheizten Backofen bei 180 °C etwa 45 Minuten backen, bis keine Teigreste mehr an einem Holzstäbchen haften bleiben, das man in die Kuchenmitte sticht.
In der Zwischenzeit den Sirup vorbereiten: Dazu Zucker, Orangensaft und Schale in einem Topf bei schwacher Hitze umrühren, bis der Zucker sich aufgelöst hat, weitere 2 Minuten köcheln lassen, und die Hälfte des Sirups über den Kuchen geben.
Zum Servieren den Kuchen in Stücke schneiden, den restlichen Sirup darübergeben und mit Crème fraîche servieren.

## Bananen-Ahornsirup-Muffins

2 Tassen Mehl
1 TL Backpulver
1/2 TL Zimt
1/2 Tasse Zucker
300 g saure Sahne
1 Ei
3 EL Ahornsirup
3 EL Pflanzenöl
3 Bananen, gehackt
Ahornsirup (zusätzlich)
(Ergibt 12 Muffins)

Mehl, Backpulver, Zimt und Zucker in einer Schüssel vermischen. In einer anderen Schüssel saure Sahne, Ei, Ahornsirup, Öl und Bananen mit dem Schneebesen schlagen, diese Mischung zu den festen Zutaten geben und sorgfältig verrühren.
Die Mischung auf gefettete 125 ml-Soufflé-Förmchen* verteilen und im vorgeheizten Backofen bei 200 °C etwa 25 – 30 Minuten backen, bis keine Teigreste mehr an einem Holzstäbchen haften bleiben, das man in die Muffins sticht. Mit zusätzlichem Ahornsirup servieren.

# Milch & Sahne

# Milch & Sahne

# Grundlagen

## Buttermilch

Ursprünglich bezeichnete der Begriff »Reine Buttermilch« die Flüssigkeit, die bei der Butterherstellung zurückblieb. Bei der heutigen, kommerziellen Buttermilch wird jedoch entrahmte Milch mit einer Bakterienkultur geimpft, wobei eine säuerlich schmeckende, dickflüssige Milch entsteht. Aber Buttermilch dient nicht nur zum Aromatisieren von Speisen: Ihr Säuregehalt reagiert auch mit Natron, so daß Gasbläschen entstehen, die verschiedene Backwaren und Mehlprodukte aufgehen lassen und ihnen eine lockere Konsistenz verleihen.

## Sahne

Sahne erhält man in einer Vielzahl von Sorten: Von einfacher Sahne oder Kaffeesahne bis hin zu Crème fraîche, einer Sahne mit hohem Fettgehalt, die sich hervorragend schlagen läßt. Daneben findet man auch Crème double, mit einem noch höheren Fettgehalt, die eine besonders löffelfeste Konsistenz besitzt. Die englische Clotted Cream (geronnene Sahne) wird bis kurz vor den Siedepunkt erhitzt und dann abgekühlt. Sie besitzt ein kräftiges, nussiges Aroma und häufig eine gelbliche Kruste, und man serviert sie meist mit Kuchen, Früchten und Pudding.

## Milch

Kuhmilch ist die am weitesten verbreitete Milchsorte. Man erhält sie im allgemeinen in homogenisierter Form, wodurch sich das Fett gleichmäßig in der Milch verteilt. Darüber hinaus ist im Handel erhältliche Kuhmilch pasteurisiert – was bedeutet, daß die Milch stark erhitzt wurde, um sämtliche Bakterien abzutöten. Außerdem ist Milch durch das Pasteurisieren länger haltbar.

## Saure Sahne

Saure Sahne enthält Milchsäurebakterien, die diese Sahne leicht sauer und dickflüssiger werden lassen. Saure Sahne wird häufig für Käsekuchen, Kuchen, Saucen und Suppen verwendet; sie schmeckt hervorragend zu Folienkartoffeln und vielen anderen pikanten Gerichten.

## Kokoscreme

Kokoscreme ist ein Extrakt aus der ersten Pressung des geraspelten Kernfleischs reifer Kokosnüsse; weitere Pressungen ergeben die Kokosmilch. Kokoscreme ähnelt einer dicken, gräulich-weißen Milch und kann für Süßwaren oder Currys benutzt werden. Da diese Creme beim Kochen gerinnt, sollte man sie nur vorsichtig köcheln lassen oder eine Paste aus Maisstärke und Wasser darunterrühren, wenn man sie stärker erhitzen will.

## Joghurt

Joghurt entsteht, indem man Milch erwärmt und mit einer ungefährlichen Bakterienkultur impft; dadurch wird die Milch angedickt und bekommt eine glatte, löffelfeste Konsistenz. Joghurt besitzt einen frischen, würzigen Geschmack und kann aus Kuh-, Schaf- oder Ziegenmilch hergestellt werden. Man verwendet ihn auch als Ersatz für saure Sahne.

Sahne

Milch

Joghurt

Kokoscreme

Saure Sahne

Buttermilch

Milch & Sahne

## Crème brûlée

2 Tassen (500 ml) Sahne
1 Vanilleschote
3 EL extrafeiner Zucker
5 Eigelb
1/3 Tasse Zucker
(Für 4 Personen)

## Variationen

### ZIMT-BRÛLÉE
Zur Vanilleschote zusätzlich 2 Zimtstangen geben (mit der Vanilleschote entfernen).

### LIMONEN-KOKOS-BRÛLÉE
Zur Vanilleschote zusätzlich 4 große Stücke Limonenschale und 1/3 Tasse fein gehackte Kokosnuß geben und die Creme nach 20 Minuten durch ein Sieb streichen.

### ZITRONEN-LORBEER-BRÛLÉE
Zur Vanilleschote zusätzlich 4 Stücke Zitronenschale und 3 Lorbeerblätter geben (mit der Vanilleschote entfernen).

### SCHRITT EINS
Sahne und Vanilleschote in einem Topf bei schwacher Hitze erhitzen. Die Sahne 3 Minuten köcheln, vom Herd nehmen und 20 Minuten ziehen lassen, bis die Vanilleschote ihr Aroma abgegeben hat.

### SCHRITT ZWEI
Eigelb und Zucker hinzufügen und bei schwacher Hitze umrühren, bis die Mischung soweit andickt, daß sie an der Rückseite eines eingetauchten Löffels haften bleibt. Die Vanilleschote aus der Creme entfernen.

### SCHRITT DREI
Die Creme auf vier Soufflé-Förmchen* von 125 ml Fassungsvermögen verteilen. Dann die Förmchen in eine Backform stellen und diese bis etwa 2 cm unterhalb des Förmchenrands mit Wasser füllen. Die Creme im vorgeheizten Backofen bei 180 °C etwa 20 Minuten garen, bis sich an der Oberfläche eine Haut gebildet hat.

### SCHRITT VIER
Die Förmchen aus der Backform nehmen und etwa 1 Stunde in den Kühlschrank stellen, danach auf ein Backblech plazieren und mit Zucker bestreuen. Das Backblech rund um die Förmchen mit Eiswürfeln auffüllen und die Creme unter einem vorgeheizten Backofengrill 1 Minute grillen, bis der Zucker geschmolzen und karamelisiert ist.

Crème brûlée

Milch & Sahne

## Pfirsiche und Beeren in überbackener Sahne

4 Eier
1/3 Tasse Zucker
1 1/3 Tassen (330 ml) Sahne
1 TL Vanillearoma
3 EL Mehl
2 Pfirsiche, in Scheiben geschnitten
1 Tasse gemischte Beeren
(Für 6 Personen)

Eier, Zucker, Sahne und Vanillearoma in einer Schüssel schaumig rühren. Dann Mehl über die Eimischung sieben und das Ganze mit dem Schneebesen glatt rühren.
3/4 Tasse der Sahnemischung auf ein gefettetes, rundes Pizzablech von 24 cm Durchmesser geben und im vorgeheizten Backofen bei 160 °C etwa 5 Minuten backen, bis die Oberfläche der Creme fest ist. Dann das Blech aus dem Backofen nehmen und Pfirsiche und Beeren über den Creme»boden« verteilen. Die restliche Mischung über die Früchte gießen und das Ganze 15 – 20 Minuten backen, bis die Oberfläche fest ist. Portionsweise mit Eiscreme servieren.

## Vanille-Eiscreme

3 Tassen (750 ml) Sahne
2 Vanilleschoten, halbiert
8 Eigelb
2/3 Tasse extrafeiner Zucker
1 TL Vanillearoma
(Für 6 Personen)

Die Sahne und die Vanilleschoten in einem Topf bei schwacher Hitze 4 Minuten erhitzen, dann den Topf 30 Minuten vom Herd nehmen, damit die Vanille ihr Aroma an die Sahne abgeben kann.
Nun Eigelb und Zucker hinzufügen und bei schwacher Hitze rühren, bis die Mischung leicht andickt. (Sie sollte an der Rückseite eines eingetauchten Löffels haften bleiben.) Die Vanilleschoten herausnehmen und das Vanillearoma unter die Sahne rühren.
Die Mischung in eine Eismaschine geben und entsprechend der Angaben des Herstellers zu Eis verarbeiten. Ersatzweise die Mischung in einen Metallbehälter geben und 1 Stunde ins Gefrierfach stellen. Danach die Mischung herausnehmen, glattrühren (um die Eiskristalle aufzubrechen) und erneut 3 Stunden ins Gefrierfach stellen, bis die Masse fest ist.
In gekühlten Schalen mit Keksen oder Biscotti servieren.

## Erdbeereis-Sandwiches

16 Karamelwaffeln
2 1/2 Tassen (620 ml) Sahne
3 Eigelb
1/3 Tasse extrafeiner Zucker
3/4 Tasse pürierte Erdbeeren
(Für 8 Personen)

Für die Eiscreme Sahne, Eigelb und Zucker in einem Topf bei schwacher Hitze 5 Minuten unter Rühren erhitzen, bis die Mischung auf der Rückseite eines eingetauchten Löffels haften bleibt. Anschließend abkühlen lassen.
Nun die Erdbeeren dazugeben, das Ganze in eine Eismaschine füllen und entsprechend der Angaben des Herstellers verarbeiten. Ersatzweise die Mischung in einen Metallbehälter geben und 1 Stunde ins Gefrierfach stellen. Danach die Mischung herausnehmen, glattrühren (um die Eiskristalle aufzubrechen) und erneut 3 Stunden ins Gefrierfach stellen, bis die Masse fest ist.
Die Eiscreme zwischen zwei Eiswaffeln füllen und erneut ins Eisfach stellen oder sofort servieren.

## Himbeer-Käsekuchen

125 g Kekse, zerkrümelt
125 g gemahlene Mandeln
125 g zerlassene Butter
*Füllung*
250 g weicher Frischkäse
250 g Ricotta
3 Eier
1 Tasse Zucker
1 Tasse (250 ml) saure Sahne
1 EL geriebene Zitronenschale
3 EL Zitronensaft
1 EL Maisstärke, vermischt mit 1 EL Wasser
250 g Himbeeren
(Für 8 Personen)

Kekse, Mandeln und Butter vermischen und auf den Boden einer gefetteten 24 cm-Springform drücken; anschließend in den Kühlschrank stellen.
Für die Füllung Frischkäse, Ricotta, Eier, Zucker, saure Sahne, Zitronenschale und Saft sowie Maisstärke in einer Küchenmaschine glatt pürieren. (Ersatzweise mit einem Elektromixer schlagen, bis die Mischung glatt ist.) Dann die Mischung über den Tortenboden geben, mit Himbeeren bestreuen und das Ganze im vorgeheizten Backofen bei 150 °C etwa 40 Minuten backen, bis der Käsekuchen fest ist. Anschließend den Kuchen herausnehmen und im Kühlschrank abkühlen lassen. Zum Schluß den Käsekuchen in Stücke schneiden und mit Crème fraîche servieren.

Pfirsiche und Beeren in überbackener Sahne

Milch & Sahne

Vanille-Eiscreme

Erdbeereis-Sandwiches

Himbeer-Käsekuchen

Passionsfrucht-Kuchen

Milch & Sahne

## Passionsfrucht-Kuchen

1 Portion oder 250 g süßer Mürbeteig*
1 Tasse extrafeiner Zucker
4 Eier
1 Tasse (250 ml) Sahne
3/4 Tasse (200 ml) Passionsfruchtmus
2 EL Zitronensaft
Zucker (zum Bestreuen)
(Für 6 bis 8 Personen)

Den Teig ausrollen und damit eine 28 cm-Obstkuchenform mit herausnehmbarem Boden auslegen. Den Teigboden einstechen und mit Backpapier auslegen. Dann mit Blindbackgewichten oder Reis beschweren und 10 Minuten bei 180 °C blindbacken. Gewichte oder Reis und Papier entfernen und weitere 5 Minuten backen. (Auf diese Weise bleibt der Boden knusprig, wenn er mit der feuchten Füllung belegt wird.)
Für die Füllung Zucker, Eier, Sahne, Passionsfruchtmus und Zitronensaft in einer Schüssel mit einem Schneebesen schlagen, die Mischung auf den Teigboden geben und 30 Minuten backen, bis die Füllung gerade fest ist. Danach aus dem Backofen nehmen und in den Kühlschrank stellen.
Wenn die Füllung fest ist, den Kuchen mit Zucker bestreuen und unter einen heißen Backofengrill stellen, bis der Zucker geschmolzen und karamelisiert ist. Den Kuchen 2 Minuten stehen lassen, dann in Stücke schneiden und mit Clotted Cream (siehe S. 170) servieren.

## Quitten mit Sternanis auf Klebreis

4 Quitten, geschält, entkernt und halbiert
1/2 Tasse Zucker
6 Sternanis
1 Vanilleschote
*Klebreis*
2 Tassen schwarzer Klebreis
4 Tassen (1 l) Wasser
1 Tasse (250 ml) Kokoscreme
1 Schraubenpalmblatt (nach Wunsch)
2 EL brauner oder Palmzucker*
(Für 6 bis 8 Personen)

Die Quitten in einen Topf legen und mit köchelndem Wasser gerade bedecken, dann Zucker, Sternanis und Vanilleschote hinzugeben, den Topf abdecken und 2 Stunden köcheln lassen, bis die Quitten weich und rosa geworden sind.
Reis über Nacht in kaltem Wasser einweichen, danach abtropfen lassen und in einen Topf mit 4 Tassen Wasser geben. Den Topf abdecken und den Reis bei schwacher Hitze 10 Minuten garen, bis das Wasser vollständig aufgenommen ist. Die Kokoscreme und das Schraubenpalmblatt zum Reis geben und bei schwacher Hitze unter Rühren garen, bis der Reis vollständig erhitzt ist. Anschließend den Palmzucker unter den Reis mischen und die Mischung in Schalen füllen. Jede Schale mit einer halben Quitte und etwas Quittensirup garnieren und servieren.

Quitten mit Sternanis auf Klebreis

Milch & Sahne

Cremetörtchen

Zitronen-Joghurt-Kuchen

Blaubeer-Buttermilchpfannkuchen

Kleine Brot-und-Butterkuchen

## Cremetörtchen

1 Portion oder 250 g süßer Mürbeteig*
2 Tassen Milch
1 Vanilleschote
6 Eier
4 EL Zucker
frisch geriebener Muskat
(Für 6 Personen)

Den Teig auf einer leicht bemehlten Arbeitsfläche etwa 3 mm dick ausrollen, auf sechs Tartelett-Förmchen verteilen und diese 30 Minuten in den Kühlschrank stellen. Danach die Teigböden einstechen und mit Backpapier auslegen, mit Blindbackgewichten oder Reis beschweren und 5 Minuten bei 180 °C blindbacken. Anschließend Gewichte oder Reis und Papier entfernen und weitere 5 Minuten backen.
Für die Füllung Milch und Vanilleschote in einem Topf bei schwacher Hitze 5 Minuten erhitzen, dann vom Herd nehmen, abkühlen lassen und die Schote entfernen. Mit dem Schneebesen vorsichtig Eier und Zucker schlagen, die Milch dazugeben und vermischen. Die Füllung in die Tartelett-Förmchen geben, mit geriebenem Muskat bestreuen und bei 140 °C etwa 20 Minuten backen, bis die Füllung gerade fest ist. Die Cremetörtchen abkühlen lassen und servieren.

## Blaubeer-Buttermilchpfannkuchen

1 Tasse Mehl
1/2 TL Backpulver
3 EL extrafeiner Zucker
1 TL Natron
1 Ei
45 g zerlassene Butter
1 1/2 Tassen (375 ml) Buttermilch
250 g Blaubeeren
2 TL geriebene Zitronenschale
Blaubeeren (zusätzlich, zum Servieren)
125 g weiche Butter
1/2 Tasse Honigkonfekt, gehackt
1 EL Honig    (Für 4 bis 6 Personen)

Mehl, Zucker und Natron in einer Schüssel vermischen. In einer anderen Schüssel Ei, Butter und Buttermilch mit dem Schneebesen schlagen, zu der Mehl-Zucker-Mischung geben und glatt verrühren. Nun Blaubeeren und Zitronenschale unter die Mischung rühren, das Ganze löffelweise in eine gefettete, vorgeheizte Pfanne geben und bei mittlerer Hitze von jeder Seite 1 Minute backen, bis die Pfannkuchen goldbraun sind. Für die Honigbutter Butter, Honigkonfekt und Honig in einer Schüssel vermischen.
Die Pfannkuchen als Stapel auf eine Servierplatte legen und mit zusätzlichen Blaubeeren und der Honigbutter garnieren.

## Zitronen-Joghurt-Kuchen

125 g Butter
1 Tasse extrafeiner Zucker
2 Eier, leicht geschlagen
1 Tasse (250 ml) Naturjoghurt
3 EL Zitronensaft und 1 EL geriebene Zitronenschale
2 1/2 Tassen Mehl
1 1/4 TL Backpulver
1/2 TL Natron
*Zitronensirup*
1/3 Tasse Zucker
1/2 Tasse (120 ml) Wasser
3 EL Zitronensaft
Schale von 1 Zitrone, in dünne Streifen geschnitten
(Für 10 Personen)

Butter und Zucker in einer Schüssel schaumig rühren, die Eier dazugeben und gut durchrühren. Joghurt, Zitronensaft und Schale, Mehl, Backpulver und Natron zu der Buttermischung hinzufügen und alles vermischen. Den Teig in eine gefettete 24 cm-Backform geben und im vorgeheizten Backofen bei 180 °C etwa 45 Minuten backen.
Für den Sirup Zucker, Wasser, Zitronensaft und Zitronenschale in einen Topf geben und bei schwacher Hitze unter Rühren erhitzen, bis der Zucker aufgelöst ist. Den Sirup weitere 4 Minuten köcheln lassen, dann noch heiß über den Kuchen in der Backform geben. Den Kuchen 5 Minuten stehen lassen und mit einem Klacks Joghurt servieren.

## Kleine Brot-und-Butterkuchen

2 Birnen, geschält und in Scheiben geschnitten
12 kleine Scheiben Pannettone oder Brioche, kleingeschnitten
4 Eier
1 Tasse (250 ml) Sahne
1 Tasse (250 ml) Milch
1 TL Vanillearoma
2 EL extrafeiner Zucker
brauner Zucker
(Für 4 Personen)

Vier 310 ml-Soufflé-Förmchen* oder große Cappuccino-Tassen mit Butter einfetten und mit Birnen und Panettonescheiben auslegen. Eier, Sahne, Milch, Vanillearoma und Zucker miteinander verrühren, die Mischung über die Panettone geben und mit braunem Zucker bestreuen. Die Kuchen 5 Minuten stehen lassen, danach in eine zur Hälfte mit Wasser gefüllte Backform stellen. Die Backform in den vorgeheizten Backofen stellen und die Kuchen bei 180 °C 25 – 30 Minuten backen, bis sie fest sind.
Die Soufflé-Förmchen auf Teller verteilen oder die Kuchen auf Teller stürzen und mit Karamel-Eiscreme servieren.

# Glossar

# Glossar

### Austernsauce
Eine braune salzige Sauce, die aus Sojasauce und gedämpften Muscheln hergestellt wird und sich in der asiatischen Küche großer Beliebtheit erfreut. Austernsauce ist in Asienläden und gut sortierten Supermärkten erhältlich.

### Bambuskörbchen
Dieses Kochgerät der asiatischen Küche besitzt einen Deckel und einen gitterförmigen Boden. Wenn man das Bambuskörbchen auf einen Topf mit kochendem Wasser stellt, durchdringt der heiße Dampf den Boden und gart die darin befindlichen Lebensmittel. Statt dessen können Sie aber auch einen Dämpfeinsatz aus Metall verwenden. Bambuskörbchen sind in Asienläden und vielen Küchenbedarfsgeschäften erhältlich.

### Bananenblätter
Die Blätter der Banane dienen zum Einwickeln von Lebensmitteln, die anschließend gegart werden. Sie sind hauptsächlich in Asienläden erhältlich.

### Basilikumöl
Mit Basilikumblättern aromatisiertes Öl, das in gut sortierten Delikatessengeschäften erhältlich ist.

### Blanchieren
Bei dieser Gartechnik werden die Lebensmittel einige Sekunden in kochendes Wasser gegeben, dann herausgenommen und unter fließendem kalten Wasser abgeschreckt, um den Garprozeß zu unterbrechen. Blanchieren verstärkt nicht nur die Farbe und das Aroma, sondern verleiht dem Fruchtfleisch zusätzliche Festigkeit und erleichtert das Ablösen von Schalen und Häuten.

### Bocconcini
Frische italienische Mozzarella-Kugeln, die – in Wasser oder einer Salzlake eingelegt – in Delikatessenläden und gut sortierten Supermärkten erhältlich sind.

### Bonito-Flocken
Diese Flocken von einem getrockneten Fisch namens Bonito dienen in der japanischen Küche als Würzmittel und sind in Asienläden erhältlich.

### Chiliöl
Mit Chilischoten aromatisiertes, scharfes Öl, das häufig eine rötliche Tönung aufweist und in verschiedenen Schärfegraden in Asienläden und Delikatessengeschäften erhältlich ist.

### Enoki-Pilze
Diese dünnen, langstieligen (auch als „Enokitake" bezeichneten) Pilze besitzen ein mildes Aroma und sind in gut sortierten Obst- und Gemüsegeschäften erhältlich.

### Fadennudeln
Eine sehr dünne, röhrenartige Nudelsorte, die durch Spaghetti, Linguine und feine Fettuccine ersetzt werden kann.

### Fischsauce
Eine klare, bernsteingelbe Würzsauce aus gepökeltem, fermentiertem Fisch, die besonders in der thailändischen Küche eine wichtige Rolle spielt. Fischsauce ist in Asienläden und gut sortierten Supermärkten erhältlich.

### Flaschentomaten
Ovale, längliche Tomaten, die sich sowohl zum Rohverzehr als auch zum Kochen hervorragend eignen.

### Galgant
Wurzel der Galgantpflanze mit ingwerähnlichem Aroma und rosa Tönung, die frisch, eingelegt oder getrocknet und in Pulverform erhältlich ist.

### Granatapfel-Melasse
Diese aromatische Melasse aus Granatäpfeln, Zucker und Zitronensaft findet hauptsächlich in der Küche des Nahen Ostens Verwendung und ist in gut sortierten Delikatessengeschäften und Spezialgeschäften der östlichen Mittelmeerländer erhältlich.

### Grillen
Bei dieser Gartechnik werden die Lebensmittel auf dem Holzkohle- oder Elektrogrill bzw. in einer gußeisernen Grillpfanne gegart, wodurch das Gegrillte ein charakteristisches, geräuchertes Aroma erhält.

### Grüne Currypaste
Eine pikant-scharfe Würzpaste aus gemahlenen grünen Chilischoten, verschiedenen Kräutern und Gewürzen, die in Flaschen und Dosen abgefüllt in Asienläden und gut sortierten Supermärkten erhältlich ist.

### Haloumi
Weißer Käse aus Schafmilch von cremiger bis fester Konsistenz, der – häufig in Lake eingelegt – in Delika-

tessengeschäften und gut sortierten Supermärkten angeboten wird.

## Harissa
Eine scharfe Würzpaste aus roten Chilischoten, Knoblauch und Olivenöl, die in Tuben oder im Glas in Delikatessengeschäften erhältlich ist.

## Hoisin-Sauce
Eine dickflüssige, süße chinesische Sauce, die aus fermentierten Sojabohnen, Zucker, Salz und fermentiertem Reis hergestellt wird. Man kann sie zum Glasieren verwenden oder zum Dippen servieren. Hoisin-Sauce ist in Asienläden, aber auch in gut sortierten Supermärkten erhältlich.

## Japanischer Kürbis
Eine sehr süße Kürbissorte mit weichem Fruchtfleisch.

## Kaffir-Limone
Eine Limonenvarietät mit runzliger Schale, deren aromatische Blätter zerdrückt oder in feine Stückchen geschnitten werden und zusammen mit dem Saft hauptsächlich in der thailändischen Küche Verwendung finden. In gut sortierten Asienläden sind sowohl abgepackte Limonenblätter als auch ganze Früchte erhältlich.

## Linguine
Lange, dünne Nudeln mit geraden Schnittkanten, die an flache Spaghetti erinnern. Sie können sie aber auch durch Spaghetti oder Fettuccine ersetzen.

## Mirin
Stark gesüßter Reiswein, der zum Kochen dient und durch Dessertwein ersetzt werden kann.

## Miso
Eine dicke Würzpaste aus fermentierten und weiterverarbeiteten Sojabohnen. Rotes Miso (mugi miso) ist eine Mischung aus Gerste und Sojabohnen, während gelbes Miso (kome miso) aus Reis und Sojabohnen hergestellt wird.

## Mizuna
Ein Salatgemüse mit weißen Stielen und fedrigen Blättern und einem leicht senfartigen Aroma.

## Mürbeteig
2 Tassen Mehl
155 g Butter, gehackt
Eiswasser
(Ergibt 1 Portion)

Mehl und Butter in einer Küchenmaschine verarbeiten, bis eine grobkrümelige Masse entsteht. Eiswasser teelöffelweise so lange hinzufügen, bis ein weicher Teig entsteht. Den Teig aus der Küchenmaschine nehmen, vorsichtig durchkneten, in Klarsichtfolie wickeln und 30 Minuten in den Kühlschrank stellen, damit er sich während des Backens nicht zusammenzieht.

## Nashi
Die ursprünglich aus Japan und Korea stammenden Früchte sehen wie eine Kreuzung aus Apfel und Birne aus. Auch geschmacklich erinnern sie an eine Mischung aus den beiden. Sie können roh und gekocht verwendet werden.

## Nori-Blätter
Getrocknete und zu rechteckigen Blättern oder flachen Platten gepreßte Meeresalgen, die zur Herstellung von Nori-Rollen und Suppen sowie in der japanischen Küche Verwendung finden. Die zu Paketen abgepackten, in Asienläden erhältlichen Nori-Blätter in einem luftdicht verschließbaren Gefäß an einem trockenen Ort aufbewahren.

## Nudelteig
3 Tassen Mehl
4 große Eier
2 TL Salz
(Ergibt 1 Portion)

Das Mehl auf die Arbeitsfläche sieben, in die Mitte eine Mulde drücken und Eier und Salz in diese Vertiefung geben. Das Eigelb mit einer Gabel aufstechen und das Mehl nach und nach vom Rand in die Mitte einarbeiten, bis ein grober Teig entsteht. (Sie können diesen Arbeitsschritt auch der Küchenmaschine überlassen.) Den Teig auf einer leicht bemehlten Arbeitsfläche zu einer glatten Teigkugel kneten (gegebenenfalls etwas Wasser oder Mehl hinzufügen). Die Teigkugel in vier Portionen teilen und jede Portion mit einer Nudelmaschine oder einem Nudelholz auf die gewünschte Stärke ausrollen. Die Teigplatten in die gewünschte Nudelformen schneiden oder mit einem feuchten Tuch abdecken, falls Sie den Teig erst später verwenden wollen. Die Nudeln in einem großen Topf mit sprudelnd kochendem Wasser al dente kochen. Achten Sie darauf, daß das Wasser während des Garprozesses weiterkocht. Zum Trocknen der Nudeln die frischen Pasta 1 – 2 Stunden (je nach Witterungsverhältnissen) an einem trockenen, luftigen Ort über einen Holzlöffel oder einen sauberen Besen-

# Glossar

stiel hängen, bis sie trocken und hart sind. Dann in luftdicht verschließbare Gefäße umfüllen.

## Oliven, in Salz eingelegt

»Runzlige«, in Salzlake eingelegte schwarze Oliven, die in Delikatessengeschäften und gut sortierten Supermärkten erhältlich sind.

## Pak Choi

Ein Grüngemüse, das zu den asiatischen Kohlarten zählt. Es hat weiße Stengel und dunkelgrüne Blätter und ähnelt im Geschmack dem Mangold.

## Palmzucker

Der zu einem gehaltvollen, feuchten Zucker konzentrierte Saft einer Palmenart wird häufig in Blockform angeboten und sollte vor Gebrauch gerieben oder gehobelt werden. Dieser hauptsächlich in der thailändischen Küche verwendete Zucker läßt sich durch braunen Zucker ersetzen.

## Pizzateig

1 TL Trockenhefe
1 Prise Zucker
2/3 Tasse (160 ml) warmes Wasser
2 Tassen Mehl
1/2 TL Salz
1/4 Tasse (60 ml) Olivenöl
(Ergibt 1 Portion)

Hefe, Zucker und Wasser in einer Schüssel verrühren und ruhen lassen, bis die Mischung Blasen wirft. Dann Mehl, Salz und Öl hinzufügen und zu einem glatten Teig verarbeiten. Den Teig 5 Minuten durchkneten, bis er glatt und elastisch ist. Die Teigkugel in eine saubere, mit Öl eingepinselte Schüssel legen, abdecken und an einem warmen Ort 20 Minuten gehen lassen, bis sie ihr ursprüngliches Volumen etwa verdoppelt hat.

## Rote Currypaste

Eine pikant-scharfe Würzpaste aus gemahlenen roten Chilischoten, Kräutern und Gewürzen, die in Flaschen und Dosen abgefüllt in Asienläden und gut sortierten Supermärkten erhältlich ist.

## Safran

Die getrockneten, orangegelben Narben des kleinen Safrankrokus werden von Hand gepflückt und sind dementsprechend teuer. Allerdings ist Safran schon in kleinen Mengen sehr ergiebig. Das Gewürz dient zum Aromatisieren und Färben von Speisen und Gerichten und ist sowohl als Safranfäden wie auch als Pulver erhältlich.

## Sake

Dieser japanische Wein aus hefevergorenem Reis verleiht Gerichten ein besonderes Aroma und trägt dazu bei, daß Fleisch zarter wird. Den Sake an einem kühlen dunklen Ort aufbewahren und nach dem Öffnen bald verbrauchen. Sie können statt dessen aber auch einen Dessertwein verwenden.

## Sashimi-Thunfisch

Thunfisch von erstklassiger Qualität, der auf asiatische oder japanische Weise geschnitten ist. Er besitzt besonders zartes Fleisch und wird in der japanischen Küche roh zubereitet. Sashimi-Thunfisch ist in gut sortierten Fischgeschäften erhältlich.

## Sauerampfer

Ein winterhartes Kraut mit großen grünen Blättern, das zur Familie der Knöterichgewächse gehört. Sauerampfer, der aufgrund des Oxalsäuregehalts einen reizvoll säuerlichen Geschmack besitzt, ist im Frühjahr in gut sortierten Obst- und Gemüsegeschäften erhältlich. Achten Sie beim Einkauf auf leuchtend grüne, knackige Blätter.

## Shiitakepilze

Die ursprünglich aus Japan und Korea stammenden Zuchtpilze zeichnen sich durch ein charakteristisches, volles Aroma aus und besitzen braune Hüte mit einer cremeweißen Unterseite. Shiitakepilze sind in gut sortierten Obst- und Gemüsegeschäften erhältlich.

## Soufflé-Förmchen

Kleine feuerfeste Förmchen für die Zubereitung von Soufflés und anderen portionsweise servierten Speisen. Es gibt sie in verschiedenen Größen.

## Süßer Mürbeteig

2 Tassen Mehl
3 EL extrafeiner Zucker
155 g Butter, gehackt
Eiswasser
(Ergibt 1 Portion)

Mehl, Zucker und Butter in einer Küchenmaschine verarbeiten, bis eine grobkrümelige Masse entsteht. Etwas Eiswasser teelöffelweise hinzufügen, bis ein weicher Teig entsteht. Den Teig aus der Küchenmaschine nehmen, vorsichtig durchkneten, in Klarsichtfolie wickeln und 30 Minuten in den Kühlschrank stellen, damit er sich während des Backens nicht zusammenzieht.

## Tamarinde
Ein Produkt aus der reifen Hülsenfrucht des tropischen Tamarindenbaums, das als Fruchtmus oder Konzentrat in der asiatischen Küche häufig Verwendung findet.

## Teigtaschenmischung
2 EL Zucker
1 1/2 Tassen (375 ml) warmes Wasser
1 EL Trockenhefe
5 Tassen Mehl
2 EL zerlassene Butter oder Schmalz
(Ergibt 1 Portion)

Zucker und Wasser in einer Schüssel sorgfältig verrühren, die Hefe hinzufügen und an einem warmen Ort 5 Minuten gehen lassen. Mehl und zerlassene Butter oder Schmalz unter die Mischung rühren. Den Teig auf einer leicht bemehlten Arbeitsfläche 4 Minuten durchkneten, bis er schön glatt ist. Dann den Teig zu einer Rolle formen, mit einem Tuch abdecken und innerhalb von 2 – 3 Stunden verarbeiten.

## Thailändische Mini-Auberginen
Diese winzigen, hellgrünen Auberginen wachsen in Büscheln und besitzen einen bitteren Geschmack. Sie zählen zu den traditionellen Zutaten thailändischer Currygerichte.

## Thailändisches Basilikum
Unter diesem Begriff versteht man verschiedene asiatische Basilikumarten (u.a. Opalbasilikum), die sich in der thailändischen und asiatischen Küche großer Beliebtheit erfreuen.

## Tortillas
Dünnes Fladenbrot aus Mais- oder Weizenmehl, das als Beilage serviert wird oder zum Einwickeln von anderen Speisen dient und sich in der mexikanischen und südamerikanischen Küche großer Beliebtheit erfreut. Tortillas sind in gut sortierten Supermärkten erhältlich.

## Vietnamesische Minze
Trotz ihres Namens zählt diese Pflanze nicht zur Familie der Minze. Sie besitzt länglich-schmale, grüne Blätter mit violettfarbenen Zeichnungen und ein bitteres, beißend scharfes Aroma. Vietnamesische Minze ist in Asienläden erhältlich.

## Wasabi
Eine Aromazutat aus der grünen Wurzel der japanischen Pflanze Wasabia japonica, die man in Japan traditionell zu Sushi und Sashami serviert. Diese Wurzel, die aufgrund des scharf-beißenden Aromas auch als japanischer Meerrettich bezeichnet wird, ist als Paste oder Pulver in Asienläden erhaltlich.

## Zitronengras
Ein langstengliges Gras mit zitronenartigem Duft, das sich in der asiatischen und insbesondere in der thailändischen Küche großer Beliebtheit erfreut. Zum Kochen die äußeren Blätter entfernen und nur die zwiebelartig verdickten, unteren weißen Enden verwenden; diese fein hacken oder in größeren Stücken zu den Speisen geben und vor dem Servieren entfernen. Zitronengras ist in Asienläden und und gut sortierten Obst - und Gemüsegeschäften erhältlich.

## Umrechnungstabelle

1 Tasse = 250 ml
1 EL = 15 ml
1 TL = 5 ml

**UMRECHNUNG DER TASSENANGABEN**
1 Tasse ganze Mandeln = 155 g
1 Tasse Semmelbrösel = 125 g
1 Tasse geriebener Käse = 125 g
1 Tasse Kichererbsen = 220 g
1 Tasse Kokosraspeln = 90 g
1 Tasse Couscous = 155 g
1 Tasse Auszugsmehl = 125 g
1 Tasse Haselnüsse = 170 g
1 Tasse Linsen = 200 g
1 Tasse Pilze = 125 g
1 Tasse entsteinte Oliven = 155 g
1 Tasse gehackte Petersilie = 45 g
1 Tasse ungekochter Reis = 220 g
1 Tasse extrafeiner Zucker = 220 g
1 Tasse Kristallzucker = 250 g
1 Tasse Weizengrieß = 170 g
1 Tasse Wassermelonenwürfel = 220 g

# Register

# Register

## A
Angel cake, 17
Antipasto-Frittata, 12
Apfel
    Apfelfüllung, 110
    Apfelkuchen, 152
Aprikosen in Sauternes-Sirup, 148
Asiatische Kräuter
    Nudelsuppe mit asiatischen Kräutern, 56
    Pfeffer-Linguine mit asiatischen Kräutern, 26
Asiatischer Thunfischsalat, 91
Auberginensalat mit Kichererbsen, 73
Austernsalat, 87

## B
Backen, Techniken und Zutaten, 156
Balsamfeigen, 112
Balsamico-Dressing, 82
Bananen-Ahornsirup-Muffins, 167
Beeren
    Honigplätzchen mit Beeren, 152
    Pfirsiche und Beeren in überbackener Sahne, 174
Blaubeeren
    Blaubeer-Buttermilchpfannkuchen, 181
    Blaubeer-Zitronen-Törtchen, 160
Blauschimmelkäse
    Käse- und Kartoffel-Frittata, 12
    Raukesalat mit Blauschimmelkäse und gebratener Birne, 91
    Überbackener Sellerie mit Blauschimmelkäse, 64
Brathähnchen, 118
braune Butter, 17
Brownies
    Schokoladen-Brownies, 164
Burritos mit Chili und Huhn, 120

## C
Cäsar-Dressing, 83
Chilinudeln mit Garnelen und Limonen, 24
Chili-Salsa
    Gebratene Thunfischburger mit Chili-Salsa, 134
Chilisteak 96
Chinesische Ente und Stangenbohnen im Wok, 124
Chinesisches Gemüse in Austernsauce, 64
Couscous
    Kürbis-Couscous-Salat, 91
    Marokkanisches Rindfleisch mit gedämpftem Couscous, 98
Crème brûlée, 172
Cremetörtchen, 181
Curry
    Kokos-Huhn-Curry, 120

## D
Dill-Reibekuchen, 134
Dips
    für Rohkost-Frühlingsrollen, 64
    Chili-Limonen-Sauce, 55
Dressing
    Balsamico-Dressing, 82
    Cäsar-Dressing, 83
    Einfache Vinaigrette, 82
    Thailändisches Dressing, 83

## E
Eier, Einkauf, Lagerung, Zubereitung, 10
Eiernudeln mit mariniertem Schweinefleisch, 56
Einfache Vinaigrette, 82
Eiscreme
    Erdbeereis-Sandwiches, 174
    Nektarinen-Eis, 148
    Vanille-Eiscreme, 174
Ente
    Chinesische Ente und Stangenbohnen im Wok, 124
    Ramen-Suppe mit Ente, 50
Erdbeereis-Sandwiches, 174

## F
Fadennudeln mit Thunfisch, 26
Feigen
    Balsamfeigen, 112
    Feigensalat mit gegrillten Hühnerbruststreifen, 88
    Gegrillte Zuckerfeigen, 152
Fenchel
    Pappardelle mit Fenchel und Oliven, 30
    Süßer Fenchelsalat mit Granatäpfeln, 87
    Tomaten-Fenchel-Risotto, 38
    Zwiebel-Fenchel-Suppe, 69
Feta
    Nudeln mit gerösteten Süßkartoffeln und Feta, 24
Fettuccine
    Fettuccine mit gedünstetem Basilikum, Knoblauch und Kapern, 30
    Fettuccine mit Zitronen-Schwertfisch, 30
Fisch
    Asiatischer Thunfischsalat, 91
    Fadennudeln mit Thunfisch, 26
    Fettuccine mit Zitronen-Schwertfisch, 30
    Gebratene Thunfischburger mit Chili-Salsa, 134
    Gegrillte Lachssteaks mit Lorbeer und Kerbel, 140
    Hornhecht mit Süßkartoffel-Füllung, 134
    Junger Lachs, über Tee geräuchert, 134
    Knuspriger pikanter Schnapper, 140
    Lachs-Wasabi-Ravioli mit Kaffir-Limonen-Sauce, 30
    Säbelfisch mit Knoblauchkruste, 137
    Schwertfisch mit asiatischem Gemüse, 140
Fisch und Meeresfrüchte, Auswahl und Lagerung, 130
Fleisch, Auswahl, Lagerung, Zubereitung, 94
Frischer Pflaumenkuchen, 152
Frittata, 12
Früchte, Auswahl und Lagerung, 144
Füllung
    Apfelfüllung, 110
    für Brathähnchen, 118

## G
Garnelen
    Chilinudeln mit Garnelen und Limonen, 24
    Limonengarnelen mit grünem Mangosalat, 140
Gebratene Chili-Krabben, 137
Gebratenes Lammfilet mit Harissa, 106
Gebratene Thunfischburger mit Chili-Salsa, 134
Gedämpfte Jakobsmuscheln mit Brühe, 137
Gedämpfte Kokoskuchen mit Limone, 167
Gedämpfte Teigtaschen mit Schweinefleisch, 112
Geflügel, Auswahl, Lagerung, Zubereitung, 116
Gegrillte doppelte Lammkoletts, 106
Gegrillte Flußkrebse mit Zitrone und Dill-Reibekuchen, 134
Gegrillte Lachssteaks mit Lorbeer und Kerbel, 140
Gegrillte Zuckerfeigen, 152
Gegrilltes Balsamhuhn mit Limonen, 124
Gegrilltes Lamm mit Pastinaken-Streifen, 109
Gegrilltes Schweinefleisch mit Apfelfüllung, 110
Gemüse, Zubereitung, 60
Gemüse-Quiche, 64
Gepfeffertes Tempura-Huhn mit Raukenmayonnaise, 127
Geröstete Rote Beten mit Huhn, 120
Geschmorte Lammhaxe, 106
Geschmortes Lammfleisch mit eingelegter Zitrone, 109
Gewürztes Grillhähnchen, 120
Glasnudelsalat mit Rindfleisch, 50
Grüner Mangosalat, 140

## H
Himbeeren
    Himbeer-Käsekuchen, 174
    Himbeer-Limonen-Torte, 148
Hokkien-Nudeln mit gebratenen Jakobsmuscheln, 55
Honigplätzchen mit Beeren, 152
Hornhecht mit Süßkartoffel-Füllung, 134
Huhn
    Brathähnchen, 118
    Burritos mit Chili und Huhn, 120
    Feigensalat mit gegrillten Hühnerbruststreifen, 88
    Gebratenes Huhn mit Limonenblättern, 120
    Gegrilltes Balsamhuhn mit Limonen, 124
    Geröstete Rote Beten mit Huhn,120
    Gepfeffertes Tempura-Huhn mit Raukenmayonnaise, 127
    Gewürztes Grillhähnchen, 120
    Hühnerbrustfilets mit eingelegten Zitronen, 127
    Hühnerbrustfilets mit Pesto-Kruste und Rosmarinkartoffeln, 124
    Kokos-Huhn-Curry, 120
    Risotto mit Süßkartoffeln und Huhn, 38
    Sandwich mit Huhn, Rösttomate und Basilikum, 127
    Sojareis, 40
    Spaghetti mit gegrillten Hühnerbruststreifen und Spargel, 26
    Warmer Hühnersalat, 127

## J
Jakobsmuscheln
    Gedämpfte Jakobsmuscheln mit Brühe, 137
    Hokkien-Nudeln mit gebratenen Jakobsmuscheln, 55
Junger Lachs, über Tee geräuchert, 134
Junger Spinat
    Spinatsalat mit Prosciutto, 88
    Spinattorte mit Käse und Oliven, 73

## K
Kaffir-Limonen-Sauce, 30
Kalbshachse in Wein und Zitrone, 98
Kalter Soba-Nudelsalat, 50
Karameltörtchen, 160
Kartoffeln
    Dill-Reibekuchen, 134
    Hühnerbrustfilets mit Pesto-Kruste und Rosmarinkartoffeln, 124
    Käse- und Kartoffel-Frittata, 12
    Kartoffeln mit Rosmarin und Salz 60
Käse
    Blauschimmelkäse, 12
    Nudeln mit gerösteten Süßkartoffeln und Feta, 24
    Pizza mit Tomaten, geräuchertem Mozzarella und Oregano, 64
    Porree-Cheddar-Soufflé, 77
    Raukesalat mit Blauschimmelkäse und gebratener Birne, 91
    Sautiertes Rindfleisch mit Parmesan und Rauke, 103
    Spinattorte mit Käse und Oliven, 73
    Überbackener Sellerie mit Blauschimmelkäse, 64
    Zucchinipfannkuchen mit Brie, 77
Käsekuchen
    Himbeer-Käsekuchen, 174
Kekse
    Honigplätzchen, 152
    Mandelgebäck, 164
    Schokoladenkekse, 164
    Vanilleplätzchen, 164
Klebreis, 178

Kleine Brot-und-Butterkuchen, 181
Knuspriger pikanter Schnapper, 140
Kokosnuß
   Gedämpfte Kokoskuchen mit Limone, 167
   Kokosfleisch im Wok, 103
   Kokoscreme, 170
   Kokos-Huhn-Curry, 120
   Kokos-Topfkuchen, 158
   Kokosreis mit grüner Chili, 40
   Limonen-Kokos-Brûlée, 172
Krabben
   Gebratene Chili-Krabben, 137
Kuchen
   Angel cake, 17
   Apfelkuchen, 152
   Cremetörtchen, 181
   Frischer Pflaumenkuchen, 152
   Gedämpfte Kokoskuchen mit Limone, 167
   Himbeer-Limonen-Torte, 148
   Karameltörtchen, 160
   Kleine Brot-und-Butterkuchen, 181
   Kokos-Topfkuchen, 158
   Mohn-Topfkuchen, 158
   Orangen-Topfkuchen, 158
   Orangen-Grieß-Kuchen, 167
   Passionsfrucht-Kuchen, 178
   Schokoladenkuchen mit Glasur, 160
   Teetörtchen, 160
   Topfkuchen, 158
   Zitronen-Topfkuchen, 158
   Zitronen-Joghurt-Kuchen, 181
Kürbis
   Kürbis-Couscous-Salat, 91
   Kürbis-Frittata, 12
   Kürbisgnocchi, 74
   Rührgebratener Kürbis mit rotem Curry, 77
   Salat mit geröstetem Kürbis und Wachteleiern, 17

## L

Lachs
   Gegrillte Lachssteaks mit Lorbeer und Kerbel, 140
   Junger Lachs, über Tee geräuchert, 134
   Lachs-Wasabi-Ravioli mit Kaffir-Limonen-Sauce, 30
Lamm
   Gebratenes Lammfilet mit Harissa, 106
   Gegrillte doppelte Lammkoteletts, 106
   Gegrilltes Lamm mit Pastinaken-Streifen, 109
   Geschmortes Lammfleisch mit eingelegter Zitrone, 109
   Geschmorte Lammhaxe, 106
   Lammkeule mit Rosmarin und Knoblauch, 104
   mit Ingwerglasur, 104
   mit Orangenglasur, 104
   Oregano-Lamm, 104
   Thymian-Lamm, 104
   Weiche Polenta mit Wein-Lamm, 106
Lasagne mit gegrilltem Gemüse, 24
Limone
   Gegrilltes Balsamhuhn mit Limonen, 124
   Himbeer-Limonen-Torte, 148
   Limonengarnelen mit grünem Mangosalat, 140
   Limonen-Kokos-Brûlée, 172
Linguine
   Pfeffer-Linguine mit asiatischen Kräutern, 26
Linsen
   Linsensuppe mit Spinat und Zitrone, 68
   Warmer Linsensalat, 87

## M

Mandeln
   Mandelgebäck, 164
   Mandel-Pfirsich-Galette, 148
   Marokkanisches Rindfleisch mit gedämpftem Couscous, 98
Meeresfrüchte
   Austernsalat, 87
   Chilinudeln mit Garnelen und Limonen, 24
   Gebratene Chili-Krabben, 137
   Gedämpfte Jakobsmuscheln mit Brühe, 137
   Gegrillte Flußkrebse mit Zitrone und Dill-Reibekuchen, 134
   Hokkien-Nudeln mit gebratenen Jakobsmuscheln, 55
   Limonengarnelen mit grünem Mangosalat, 140
   Tintenfischsalat mit Balsamico-Dressing und Basilikum, 88
   Milchprodukte, 170
Miso
   Miso-Shiitake-Risotto, 38
   Udon-Nudeln in Misosuppe, 55
Mohn-Topfkuchen, 158
Muffins
   Bananen-Ahornsirup-Muffins, 167

## N

Nashi mit Limone und Ingwer, 152
Nektarinen-Eis, 148
Nudeln
   Chilinudeln mit Garnelen und Limonen, 24
   Fadennudeln mit Thunfisch, 26
   Nudeln, Auswahl und Zubereitung, 44
   Nudeln mit einer Sauce aus geschmorten Tomaten, 24
   Nudeln mit gerösteten Süßkartoffeln und Feta, 24
   Nudeln mit grünem Blattgemüse, 26
   Nudeln mit jungem Porreegemüse, 26
   Nudelsuppe mit asiatischen Kräutern, 56
   Zubereitung, 20

## O

Oliven
   Oliven-Grapefruit-Salat, 91
   Pappardelle mit Fenchel und Oliven, 30
   Spinattorte mit Käse und Oliven, 73
   Oliven-Grapefruit-Salat, 91
   Warmer Olivensalat, 88
Omelette mit Shiitakepilzen, 73
Orangen
   Orangenglasur, 104,
   Orangen-Grieß-Kuchen, 167
   Orangen-Topfkuchen, 158
   Oregano-Lamm, 104

## P

Pappardelle mit Fenchel und Oliven, 30
Paprikasuppe, 68
Passionsfrucht-Kuchen, 178
Pastinaken-Streifen, 109
Pestosteak, 96
Pfannkuchen
   Blaubeer-Buttermilchpfannkuchen, 181
   Reisnudel-Pfannkuchen, 55
   Zucchinipfannkuchen mit Brie, 77
Pfeffer-Linguine mit asiatischen Kräutern, 26
Pfeffersteak, 96
Pfirsich-Mandel-Pfirsich-Galette, 148
Pfirsiche und Beeren in überbackener Sahne, 174
Pizza mit Tomaten, geräuchertem Mozzarella und Oregano, 64
pochierte Eier
   Spargel und pochierte Eier mit brauner Butter, 17
Polenta
   Weiche Polenta mit Wein-Lamm, 106
Porree
   Nudeln mit jungem Porreegemüse, 26
   Porree-Cheddar-Soufflé, 77

## Q

Quiche
   Gemüse-Quiche, 64
   Speckeier-Quiche, 17
   Süßkartoffel-Quiche mit Salbei, 74
Quitten mit Sternanis auf Klebreis, 178

## R

Ramen-Suppe mit Ente, 50
Rauke
   Raukesalat mit Blauschimmelkäse und gebratener Birne, 91
   Raukesalat mit Süßkartoffeln, 87
   Sautiertes Rindfleisch mit Parmesan und Rauke, 103
Ravioli
   Lachs-Wasabi-Ravioli mit Kaffir-Limonen-Sauce, 30
Reis
   Kokosreis mit grüner Chili, 40
   Auswahl und Zubereitung, 34
   Essigreis, 103
   Klebreis, 178
   Reis in Lotusblättern, 40
   Risotto, 36, 38, 40
   Sojareis mit Hühnerbruststreifen, 40
Reisnudeln
   Reisnudel-Pfannkuchen, 55
   Thailändische Reisnudeln, 56
Rindfleisch
   Chilisteak, 96
   Das perfekte Steak, 96
   Glasnudelsalat mit Rindfleisch, 50
   Kokosfleisch im Wok, 103
   Marokkanisches Rindfleisch mit gedämpftem Couscous, 98
   Pestosteak, 96,
   Pfeffersteak, 96
   Rindfleisch mit Tamarinden und Zitronengras, 98
   Rindfleisch mit Essigreis, 103
   Sautiertes Rindfleisch mit Parmesan und Rauke, 103
   Senfsteak, 96
   Steaks mit Pilzen in Rotweinsauce, 103
   Thailändischer Rindfleischsalat, 98
Risotto-Grundrezept
   Miso-Shiitake-Risotto, 38
   Risotto mit Süßkartoffeln und Huhn, 38
   Safranbratlinge mit Pilzen, 38
   Tomaten-Fenchel-Risotto, 38
Rohkost-Frühlingsrollen, 64
Rührbraten
   Chinesische Ente und Stangenbohnen im Wok, 124
   Gebratene Chili-Krabben, 137
   Gebratenes Huhn mit Limonenblättern, 120
   Kokosfleisch im Wok, 103
   Rührgebratene Bohnen mit Zitrone und Cashewnüssen, 74
   Rührgebratenes Schweinefleisch mit Basilikum und Pfeffer, 112
   Rühgebratener Kürbis mit rotem Curry, 77
   Rührgebratene Shanghai-Nudeln, 50
   Technik, 60
   Rührgebratene Bohnen mit Zitrone und Cashewnüssen, 74
   Rührgebratene Shanghai-Nudeln, 50

## S

Salat
   Asiatischer Thunfischsalat, 91
   Auberginensalat mit Kichererbsen, 73
   Austernsalat, 87
   Auswahl, Lagerung, Zubereitung 80
   Feigensalat mit gegrillten Hühnerbruststreifen, 88
   Glasnudelsalat mit Rindfleisch, 50
   Grüner Mangosalat, 140

# Register

Kalter Soba-Nudelsalat, 50
Kürbis-Couscous-Salat, 91
Oliven-Grapefruit-Salat, 91
Spinatsalat mit Prosciutto, 88
Tintenfischsalat mit
 Balsamico-Dressing und
 Basilikum, 88
Raukesalat mit Blauschimmel-
 käse und gebratener Birne,
 91
Raukesalat mit Süßkartoffeln,
 87
Salat mit geröstetem Kürbis
 und Wachteleiern, 17
Süßer Fenchelsalat mit
 Granatäpfeln, 87
Thailändischer Rindfleischsalat,
 98
Warmer Linsensalat, 87
Warmer Olivensalat, 88
Safranbratlinge mit Pilzen, 38
Säbelfisch mit Knoblauchkruste,
 137
Sandwich mit Huhn, Rösttomate
 und Basilikum, 127
Sautiertes Rindfleisch mit
 Parmesan und Rauke, 103
Schokolade
 Schokoladen-Brownies, 164
 Schokoladenkekse, 164
 Schokoladenkuchen mit Glasur,
  160
Schweinefleisch
 Eiernudeln mit mariniertem
  Schweinefleisch, 56
 Gedämpfte Teigtaschen mit
  Schweinefleisch, 112
 Gegrilltes Schweinefleisch mit
  Apfelfüllung, 110
 Rührgebratenes Schweine-
  fleisch mit Basilikum und
  Pfeffer, 112
 Schweinefleisch mit Feigen, 112
 Schweinefilet mit Ingwer
  und Honig, 112
Schwertfisch
 Fettuccine mit Zitronen-
  Schwertfisch, 30
 Schwertfisch mit asiatischem
  Gemüse, 140
Senfsteak, 96
Shiitakepilze
 Omelette mit Shiitakepilzen, 73
 Miso-Shiitake-Risotto, 38
Sojareis mit
 Hühnerbruststreifen, 40
Somen-Nudeln mit Chili-
 Limonen-Sauce, 55

Spaghetti mit gegrillten
 Hühnerbruststreifen und
 Spargel, 26
Spargel
 Spaghetti mit gegrillten
  Hühnerbruststreifen und
  Spargel, 26
 Spargel mit süßem Sake und
  Ingwer, 74
 Spargel und pochierte Eier mit
  brauner Butter, 17
Speckeier-Quiche, 17
Spinat
 Linsensuppe mit Spinat und
  Zitrone, 68
 Spinattorte mit Käse und
  Oliven, 73
 Spinatsalat mit Prosciutto, 88
Steak
 Das perfekte Steak, 96
 Lachssteak, 140
 Steaks mit Pilzen in Rotwein-
  sauce, 103
Suppe
 Linsensuppe mit Spinat und
  Zitrone, 68
 Nudelsuppe mit asiatischen
  Kräutern, 56
 Paprikasuppe, 68
 Ramen-Suppe mit Ente, 50
 Süßkartoffelsuppe, 68
 Zwiebel-Fenchel-Suppe, 68
Süßer Fenchelsalat mit
 Granatäpfeln, 87
Süßkartoffeln
 Hornhecht mit Süßkartoffel-
  Füllung, 134
 Nudeln mit gerösteten
  Süßkartoffeln und Feta, 24
 Raukesalat mit Süßkartoffeln,
  87
 Risotto mit Süßkartoffeln
  und Huhn, 38
 Süßkartoffel-Quiche mit
  Salbei, 74
 Süßkartoffelsuppe, 68

## T

Teetörtchen, 160
Thailändische Reisnudeln, 56
Thailändischer Rindfleischsalat,
 98
Thailändisches Dressing, 83
Thunfisch
 Asiatischer Thunfischsalat, 91
 Fadennudeln mit Thunfisch, 26
 Gebratene Thunfischburger
  mit Chili-Salsa, 134

Thymian-Lamm, 104
Tintenfischsalat mit Balsamico-
 Dressing und Basilikum, 88
Tomaten
 Nudeln mit einer Sauce aus
  geschmorten Tomaten, 24
 Tomaten-Fenchel-Risotto, 38
 Pizza mit Tomaten, geräucher-
  tem Mozzarella und
  Oregano, 64
Topfkuchen, 158
Topinambur-Aufstrich mit
 Rosmarin-Bruschetta, 77

## U

Überbackener Sellerie mit
 Blauschimmelkäse, 64
Udon-Nudeln in Misosuppe, 55

## V

Vanille-Eiscreme, 174
Vanilleplätzchen, 164

## W

Wachtel
 Salat mit geröstetem Kürbis
  und Wachteleiern, 17
Warmer Hühnersalat, 127
Warmer Linsensalat, 87
Warmer Olivensalat, 88
Wasabi Lachs-Wasabi-Ravioli
 mit Kaffir-Limonen-Sauce, 30
Weiche Polenta mit Wein-Lamm,
 106

## Z

Zimt-Brûlée, 172
Zitrone
 Gegrillte Flußkrebse mit
  Zitrone und Dill-
  Reibekuchen, 134
 Zitronen-Basilikum-Pilaw, 40
 Zitronen-Joghurt-Kuchen, 181
 Zitronen-Lorbeer-Brûlée, 172
 Zitronen-Topfkuchen, 158
Zucchinipfannkuchen mit Brie, 77
Zwiebeln
 Zwiebel-Fenchel-Suppe, 68
 Zwiebel-Frittata, 12
 Zwiebelkuchen, 73